U0014302

精準節稅

Precise Tax Savings

陳衍任 著

中小企業應該避免的42種稅務風險

推薦序

一本可以陪你走一段上坡路、讓你安心的稅法書

黃鴻隆／鐵肺會計師、《帶著桎梏翱翔》傳主

前大法官許玉秀曾說過，國家給人民兩大痛苦，第一是刑法，會被關在監獄，另一個就是拔毛，也就是課稅。每個人都會碰到稅的問題，偏偏這個「稅法」卻是萬法之法，與眾多的民商法有著千絲萬縷的連接，更有多如牛毛的函釋，一不小心就會踩到風險。衍任教授這一本《精準節稅——中小企業應該避免的42種稅務風險》，透過他豐富的法學素養、多年用心教學的聆聽經驗，以感性的手法，把他在稅務商業江湖中「悟到」的四部武功心力（①扎根力、②省錢力、③跨界力、④避險力），幻化出十四把「節稅力」招式（①慎選組織、②給對法令、③迴避風險、④降低收入、⑤增加費損、⑥選低稅率、⑦爭取抵免、⑧謹慎跨境、⑨跟緊潮流、⑩畫清界線、⑪避免處罰、⑫遠離刑責、⑬認真救濟、⑭好好道別），並在每一招式下，分享3個稅務商業江湖故事，一個一個緩緩述說出來，這42個故事，就是稅務江湖的縮影。

衍任教授是執業律師之後，再獲教育部公費留學，赴德國攻讀碩士與博士學位。他是一位接地氣、有溫度、有學養、有熱情的中生代稅務好手。我很早就結識他，依稀記得當年我贊助他母校德國科隆大學Prof. Dr. Joachim Lang教授來台分享「一個合於公平的稅法體系」，就是他來回穿梭、協助的，從此我們深度結緣。

衍任教授很客氣說：「這不是一本學術論文，沒有旁徵博引、引經據典的宏偉氣勢，也沒有理想的稅制該如何設計的立法建議。」不過我卻要告訴大家，衍任教授以其豐厚的文史哲素養，將經典引據內化其中。衍任教授的文筆非常流暢，每一個故事都有動人的背景。在這本書中完全沒有「知識的詛咒」，有的是充滿溫度的人性關懷，坦白講我讀起來像是在看金庸小說，感動得停不下來，每一個故事中的「精準節稅」點評，不但有相關稅法規定，又有信手拈來各自不同的相關法域規定，在「參考資料」中，也把相關行政法院的判決文號以及函釋文號放上去，這種功力如果沒有通透的法體系素養是做不到的。

所以這一本書絕對可以陪你走一段上坡路，為你注入一份安定的力量，讓你每晚安穩入睡，好好專注在你鍾情的本業，用簡單的方式，過想要的生活。把好不容易擠出的時間，留給最親愛的家人。也要把好不容易掙來的財富，傳遞給最渴望幫助的靈魂。衍任教授說「別忘了，自己暖了，也要讓別人不冷！」深深撼動我心。

本書最後衍任教授更體貼附錄了一篇「企業稅務風險總體檢——精準節稅自我檢核表格」，彙總上述42個故事，逐一分類成「浪費型」和「踩坑型」，前者是「該省的沒省」，後者是「不該犯的卻犯」。這是衍任教授慈悲的初心。受邀寫這一篇推薦文，我的內心無比感動，所以盡可能跳脫理性的盤算，並用我的生命厚度，寫幾句話。

推薦序

企業發展與節稅規劃的良師益友

許慈美／臺銀綜合證券董事長、前財政部賦稅署署長

一張稅單或罰鍰，可能使企業無以為繼，使負責人一輩子的辛勞所得付之一炬，豈能不慎乎？

我在多年的公務生涯中，見證了無數中小企業主在遭遇稅務查核補稅處罰時的無助與無奈，這些中小企業主也許是本身不知稅務規定，或有聽信所謂的稅務規劃或財稅管理專家誤導所致。稅法的複雜性，以及對稅務規劃缺乏足夠認識，往往使得許多企業陷入不必要的稅務風險之中。我深刻理解到合法節稅與避免稅務風險，對於中小企業有多麼重要。因此，當我得知陳教授即將出版一本專注於《精準節稅》的新書時，我由衷地感到興奮與期待，並且認為這是一本極具實用價值的大作。

我與陳教授首次深入稅務交流始自2017年，當時我擔任臺北國稅局局長，正處理一件重大棘手的稅務爭訟案件，由於陳教授提供精闢的法律意見，讓我驚艷，也讓我們有所本的安心處理；嗣於2022年，我擔任財政部賦稅署署長時，陳教授接受財政部賦稅署之委託，研究面對OECD BEPS第一支柱推動之可行因應措施，陳教授認真負責的研究態度，令我十分感佩。陳教授在稅法領域的專業知識與教學經驗，使他成為撰寫這本書的最佳人選。

《精準節稅》不僅是一本介紹稅法的書籍，它更是一本針對中小企業主設計的管理指南，目的在幫助他們避免稅務風險，並透過合法途徑最大化節稅效益。經過詳細閱讀，我發現這本書有以

下三個特色：

首先，書中對於稅法的解析十分透徹。陳教授利用豐富的案例分析，不僅深入淺出地介紹稅法的基本原則，使讀者能夠輕鬆理解各種稅制的運作機制。更重要的是，它透過42則故事，從基礎的稅務登記到複雜的跨國稅務規劃，以淺顯易懂的文字，生動地提供一系列清晰、實用的策略，幫助企業在遵守法律規範的前提下，靈活應對稅務問題，有效減輕稅務負擔。

其次，陳教授在書中特別強調風險管理的重要性。他指出，許多中小企業在成長過程中往往忽略了稅務規劃的重要性，這可能會導致未來面臨重大的稅務風險。透過閱讀《精準節稅》，企業主可以學習如何透過合理規劃來避免稅務風險，確保企業的長期健康發展。

最後，陳教授還分享許多節稅技巧與策略。這些策略既能幫助企業合法節稅，又能確保企業在面對稅務調查時能夠穩健應對。對於希望優化稅務結構的中小企業而言，無疑提供了一套堅實的學習體系，具有非常高的參考價值。

綜上所述，《精準節稅》不僅是一本全方位的稅法書籍，更是一本實戰指南。它對於所有希望在瞬息萬變的商業環境中，有效管理稅務風險、實現稅務優化的中小企業而言，不僅提供了實用的節稅知識，更重要的是，它啟發了讀者對於稅務規劃的全新思維：與其規避稅負，不如規避風險。唯有降低風險，才能專注本業。

我衷心推薦《精準節稅》給所有希望在瞬息萬變的商業環境中，為自己的企業尋找穩固立足點的企業主。當然，也包含財務主管、專業人士，以及對稅法有興趣的讀者在內。

稅法條文中沒有白字，卻常讓人看不懂其意涵，陳教授的這本新書，無疑將成為您企業發展與節稅規劃上不可或缺的良師益友。

推薦序
稅法就像一本故事書

劉順仁／臺灣大學會計學系系主任暨研究所所長、
中華會計教育學會理事長

2004年，由於經常聽到學生及經理人抱怨財務報表雖然非常重要，但是艱澀難懂、枯燥無聊，我發願要寫一本「財報科普書」。當年十二月，我到哈佛大學商學院參加由管理大師波特（Michael Porter）教授所主講的產業競爭力研習營。利用下課的空檔，我請教波特教授：「我正在寫作一本介紹財報的科普書，可不可以給我一點建議？」波特教授笑著回答我：「財報專業我不是很懂，但是就我所知，光是在美國，多年來就出版了許多本財報科普書。請問，你要寫的這一本書有什麼獨特價值（unique value）？」我一下子楞住了，不知道該如何回答。我反覆思考這個問題，調整寫作方向。2006年，我到美國開會時特別繞道波士頓，把我的「答案」交給他，那就是《財報就像一本故事書》的第一版。藉由有趣的故事把財務的原理及應用表達出來，這就是獨特價值。將近二十年後，我正在進行《財報就像一本故事書》第四版的修訂出版，我發現陳衍任教授已經完成類似我當年的工作，但是更為艱難，那就是《精準節稅》這本大作。

雖然稅法是會計系的必修課程，我也常被錯誤的當成稅務問題的諮詢對象，但是坦白說，我的稅法知識及常識都很差，我也認為稅法繁複、枯燥、難懂。衍任教授這本實用又易懂的《精準節稅》，透過一個一個有趣的小故事，把企業組織由傳統的獨資、合夥帶到雲端電商；把事件場景由稅務機關帶到憲法法庭；把故事主角由一般民眾帶到公司大老闆；把當事人心情由困惑沮喪帶到雀躍歡喜。這麼大幅度的落差轉折，又如此白話有趣，看似輕鬆容易，但是背後卻需要對於稅法原理透澈的了解，和對稅務稽徵有深刻的經驗。我認為《精準節稅》毫無疑問具備了「獨特價值」，而且必然歷久不衰。因為，每則故事背後都提供具體的法條和判例，讓讀者知道這些結論及建議，是立基在磐石而非流沙之上。

另外，衍任教授本身也是一位非常「獨特」的人。身為臺大學生，他大學時就同時修習法律及會計兩種專業課程。身為負笈異鄉的學子，他在以中小企業為主的德國，建立深刻的法學素養及商業實務認識。身為歸國的學人，他既是大學稅法教授，也是長時間涉獵稅務實際問題的專家。2023年，衍任老師受聘回到臺大法律系執教，我也慕名敦請衍任老師到臺大會計系教授稅法必修課程，希望系上同學能夠具備「不繳不必要繳的稅」的扎實功力。

最後，我祝福讀者能在愉快的閱讀經驗中，知道自己可以在「萬萬稅」的世界上，每晚安穩入睡。

推薦序

認識稅法的科普佳作

柯格鐘／臺灣大學法律學院教授兼財稅法學研究中心主任

陳衍任教授的專業背景和貢獻在稅法領域是顯而易見的。作為國立臺灣大學法律學院的同事，我認為他不僅在實務界有豐富的經驗，更在學術上有深入的研究。他的教學方式，將複雜的稅法知識轉化為易於理解的內容，使得學生和專業人士都能夠輕鬆掌握稅務的精髓。陳教授的書籍不僅是稅法科普的優秀作品，更是稅法教育的重要資源。

在他的首部稅法科普書中，陳教授以其一貫的風格，深入淺出地介紹了42個稅務案例，這些案例不僅涵蓋了稅務知識的各個方面，還糾正了許多人們對稅務的常見誤解。他強調了正確的稅務觀念，即繳稅不應僅僅追求減少稅負，而應該是合理規劃，避免不必要的稅收損失，並謹慎處理可能的稅務風險。這本書對於中小企業主和財稅主管來說，是一本理解和控制稅務風險的寶典。

陳教授的書籍展現了他將稅法變得生動有趣的能力，他不僅是一位學者，也是一位故事講述者。他將每一個稅務案例分解成易於理解的小問題，並通過故事講述的方式，讓讀者能夠更好地理解和應用稅法。這種方法不僅使稅法變得更加親民，也使得讀者能夠在日常生活中運用稅法知識。

我對陳教授的書籍給予的高度評價和推薦，因為本書對提高公眾對稅法的認識和理解具有重要意義。本書的貢獻和陳教授在教學上的努力，促進了稅法教育和實踐的發展，這對於整個社會都是有益的。感謝您買這本書的閱讀體驗和對稅法教育工作的支持。我相信，這將鼓勵更多人去探索稅法的世界，並將這些知識應用於他們的專業生涯中。

推薦序

那天，我們一起喝咖啡

謝文憲／企業講師、作家、主持人

世界上有種學習與溝通模式，叫做「陳衍任模式」。

因為個人生涯規畫，我在2022年10月5日決定將一手催生的簡報、演講、教學、寫作的專業培訓公司「憲福育創」結束營業，心中放不下的還是這群學員。

當天上午，我主導寫作班的「世界咖啡館」活動，下午安排演講班的「說出影響力」同學會活動，兩場活動，衍任都是學員，也是主角，也正因為這一天，催生了衍任這本書，以及他與我後續的所有緣分。

我們的緣分很深，在此不贅述，我想特別提提法學教育。

衍任上過我五集廣播節目專訪，在導讀《你要如何衡量你的人生》一書專訪時，談到因為僥倖與貪念造成牢獄之災的同學時，他不禁嘆了氣，無奈的表示：「早知如此，何必當初？」

可不是嗎？

衍任及其同學們得到國家最扎實的法學教育環境與師資，以及最多的資源，學成後理應奉獻社會，幫助更多需要幫助的人。今天看到本書，我深深感覺：「許多人做不到的，陳衍任來做。」

那天的「世界咖啡館」活動，除了幫助衍任找到敗部復活的出版機會外，我仔細端詳了衍任當天學習時的眼神。

那種學習態度，只有清楚知道自己要什麼時才能顯露的專注眼神，他將所有學習獲得，用一個主題、一個故事、一個專業論述，外加判例說明的方式呈現，連我一個法律外行都能看得懂，清晰、有趣、不落俗套，法學與稅務專業用通俗的方式溝通，無非是中小企業主的救命仙丹。

我自己最多曾擔任四間公司負責人，前後也投資了五間各型中小企業，法律與稅務問題雖全仰賴會計師處理，但創業這十八年，我自己也學習很多，尤其是節稅議題，絕對是企業主最關心的。如何有效節稅，合法節稅，避免因為誤踩逃漏稅地雷而蒙受罰款或牢獄之災，本書有了最詳盡的42個故事、案例與法源根據，用「陳衍任模式」的通俗化溝通，讓您一看就懂。

我誠摯推薦，桌上放一本，節稅有所本。

推薦序

關於「節稅」，這是我少數看得懂、學得會的一本書！

王永福／F學院創辦人、資管博士、《教學的技術》等書作者

身為小企業的創辦人，當然逃不過稅務上的問題。但很抱歉的是，我從來沒有搞懂過！看到那些密密麻麻的數字，再加上密密麻麻的法條，我總是感到一陣暈眩，還是要依靠專業的財務經理和會計師才能搞定。有時需要多繳、少繳、或補繳……我也搞不懂，反正會計師說什麼就是什麼了，也不知道如何爭取或保護自己的權利。對我而言，就如同西方的諺語：「只有死亡與稅賦無法逃避！」反正政府說怎麼繳，我就怎麼繳。我搞不懂，也不知道怎麼搞懂！

直到有一天，從報名表中看到衍任老師報名了「專業簡報力」的訓練課程，那時我還想不到：已經身兼「大學教授、律師、留德博士、稅法專家」，為什麼還想要來學簡報呢？但令人訝異的是，衍任老師不止用心學習簡報與表達，還用了「稅法」這個主題，在結訓簡報拿到了冠軍！「稅法」這樣困難的主題，不只讓我聽懂了，還讓台下超過30位不同專業的企業主管和簡報專家也聽懂了！這真的太強了！

在結訓之後，衍任老師很開心的跟我分享，這就是他想達到的目的。「把專業卻枯燥的稅務法條，說得讓台下也能聽得懂！」雖然他深知稅務法律的重要性，但也了解這些專業對一般人而言就如同天書，都是有看沒有懂。所以他希望自己可以成為一座橋

梁，一個轉譯者，用更易懂的方式，把重要的資訊傳達給更多需要的人。

用簡報把稅法變簡單，只是衍任老師努力的開始，後續他持續進修，不止會說、會教，還開始挑戰把這麼生硬的主題用文字寫出來！記得最早幾篇關於企業節稅的文章，我很不好意思的跟他說：「太專業了，我真的不大懂……」沒多久之後他又改了另一個版本，加上案例來講解，再配合清楚的說明，這次我終於開始理解，原來這些法條是用來解決這些不同的問題；如果遇到問題，又有哪些稅法規定與法律可以幫我們解決。

一路走來，我不只看到、也感動衍任老師的用心，他身為教授＋律師＋稅法專家，心裡想的是如何貼近大家、貼近民眾、貼近學生，清楚轉譯這些稅法專業知識，讓我們能看得懂，也能學得會！這樣的初心與持續的努力，最終成就了這本書！謝謝衍任老師，讓我第一次看懂這些稅法天書！法律，是保護懂法律的人；稅務，也同樣保護懂它的人。衍任老師這本《精準節稅》，值得我們放在身邊，當成我們中小企業稅務問題的護身符！我強力推薦，也鼓勵每個人都買一本放在身邊！

推薦序

合法節稅省下的每一分錢都是企業主的淨利

林明樟（MJ）／連續創業家暨兩岸三地上市公司指名度最高的頂尖財報職業講師

2023年2月第一次遇見陳衍任博士，當時我很好奇他已是臺大與臺科大副教授級別的高手，怎麼會出現在我的財報分析課堂上？

經過多次臉書交流後，才發現他是一位經濟與法學雙主修的實用型學者。當年的他，為了深耕自己喜愛的稅法領域，專程到德國留學，取得德國法學博士榮耀歸國，在知名大學任教多年後，還專程到我的課程研習相關的財報知識，做學問之深之專精令人敬佩。

我讀完衍任教授的這本大作之後，深刻體會了這本書有幾個非常特別之處：

這是一本以故事切入帶著真實案例為主的稅務專書，不是只有難懂的法規條文集結成冊；

這是一本以深厚法學為基底，可讀性高又與我們日常事業經營高度相關的實用財稅專書；

也是一本企業家從0到1、1到100、從國內走向國際、從一家小公司走到集團化運營的實用財稅專書；

更是一本臺灣中小企業主，人人都應備上一本，放在辦公室案前的財稅工具書。

因為依據《2023年中小企業白皮書》資料顯示，臺灣有165萬家企業，其中中小企業共163萬家，占比高達98.90%。平均年營業額僅有1750萬元；年營業額超過5000萬元的中小企業，僅占4.9%；年營業額超過新台幣1億元者，僅占2.4%。

在中小企業體系中就業的人數為913萬人，占全臺就業人數超過8成，顯示了中小企業是臺灣經濟發展與社會安定的重要基石。但創業大不易，除了自身的努力外，還受到市場競爭加劇與國際情勢影響，內外夾擊生存不易。

身為中小企業主的我們，除了靠政府政策與補助或外部有利局勢的應援外，更應自力自強，先專注本業優化我們可控的經營實力，並且要有正確的財稅知識，因為合法節稅省下的每一分錢都是企業主的淨利，有了淨利，我們才能養活公司，創造更多的就業機會，實現自己當年創業時的初心與心中的夢想。

但囿於日常運營大小事務纏身，稅法多如牛毛，最後只能道聽塗說。節稅？避稅？逃稅？傻傻分不清，最後假戲真做，違法而不自知，直到補稅罰單出現才後悔莫及。

這是一本實用的稅法工具書，更是一本避免罰責與遠離刑責，並能幫助您自我救濟的稅務專書。更棒的是衍任教授還在書中，教導各位老闆們如何使用檢核表格，為自己的企業進行稅務風險總體檢。

如果您是中小企業主，不論您在哪個產業中戮力打拚追尋自己的事業夢想，這本《精準節稅》的實用好書，您千萬不能錯過！

MJ看完全書書稿之後，五星滿分真誠推薦給您，祝福各位企業主事業順心，人生精彩。

推薦序

不是只有財務規劃，你也要懂稅務規劃

孫治華／策略思維商學院院長

創業最關鍵的一件事情就是建立你每一種營收模式（獲利方式）的財務模型。以服務來說，一個服務為期多久？收費多少？成本多少？可以幫企業或是自雇者獲利多少？以產品來說，一個產品訂價多少？毛利多少？前置的設備投入多少？如何攤提？這些都會深刻的影響到你的事業發展，而這樣的規劃中，**很多人忽略了稅也是一個關鍵經營成本，甚至會決定了一些行業別的生死，或是讓事業的稅後淨利毫無激勵**。

因此即便我最近公務繁忙，罕見的忙，當我收到《精準節稅》這本書時，我就知道我必須要靜下心來讀完，因為這本書把中小企業或是自雇者經營事業中所需要的稅務概念都做了很清楚的舉例說明。當今不論是微型企業或是自雇者有太多可以獲利的模式，而且稅這件事情已經開始與經營者都有關了。

你知道當你的獲利多高時，你就必須申請公司嗎？

你知道當你只是簡單的團購、代買，要是沒做好關鍵步驟，稅捐機構會把你的營業額當成整體獲利課稅嗎？

這本《精準節稅》幫我們整理了職涯過程中，我們所需要懂得的大部分的稅務概念與執行原則。

提早規劃是節稅，臨時應變是逃稅。當每個人都想要為自己創造除了薪資之外額外的獲利時，那稅就會跟每個人都有關。你懂得創業過程中該要懂的關鍵稅務規劃了嗎？推薦大家好好的閱讀這本《精準節稅》。

專業推薦

閱讀本書的每一則短篇稅務案例，我都宛如那個茫然不知所措的企業主，等待作者一針見血的救援。我在臺大會計系講授稅務法規30年，曾經獲選終身教學傑出教師，但是現在才發現，如果將作者的42篇案例選為學生的閱讀教材，讓學生站在作者的肩膀上，瞭解稅法如何精準應用的實例，我的教學成果才算得上傑出。

陳衍任教授目前專職任教於臺大法律系及會計系，他匯集擔任司法院法官學院講座、財政部財政人員訓練所講座、臺北高等行政法院調解委員，替董監事及財會主管講授稅務課程，以及多年稅務律師的實務經驗，所出版的這本輕鬆易讀、引人身歷其境的《精準節稅》，無論您是企業的負責人或財務長，或者您是執業的律師、會計師、記帳業者、在學校講授稅務法規的老師，都會是閱讀報酬率最高的一本書。

林世銘／臺灣大學名譽教授

我曾經在銀行工作20年，與上百家的中小企業主打過交道。當我看完衍任的這本好書，我腦海裡浮現好多位老闆當年為稅務苦惱的臉龐。

如果時光倒流，我會送他們這本《精準節稅》，我確信這群老闆的臉上，應該會有一抹微笑，然後喜孜孜的告訴我說：「家德謝謝你，這本書，讓我可以安心經營企業，避免踩坑，真好！」

能把複雜難懂的稅法，用故事型態寫成易懂的觀念，實屬不易。這本好書，做了最佳詮釋。

吳家德／NU PASTA總經理、職場作家

推薦序

前言

節稅力：企業都需要的基本功力

會轉彎的小白球

想像一下，你打了一場高爾夫球，花了3,000元，包含上果嶺、請桿弟、租台車、沖個澡在內。你認為哪些項目有娛樂成分在裡面？

在球場上，各種消費都有代價，而且你付的費用還不只是給球場。因為我們有一部法律叫作娛樂稅法。根據娛樂稅法規定，凡是設置高爾夫球場供人娛樂所收取的費用，娛樂場所都要幫忙代徵5%至10%的娛樂稅。

問題是，你付給球場的每一塊錢，真的都有娛樂成分在裡面嗎？

你攻上每一座果嶺，英姿煥發，裙襬搖搖。為此，你付出的果嶺費確實是娛樂的代價。但比賽結束後，你衝進更衣室淋浴盥洗，讓強勁的水流打在肌膚上，沖刷著每一個毛孔。為此，你付出的清潔費也算是一種娛樂的代價嗎？

民國（以下同）96年，我還在執行律師業務時就遇到這個棘手問題。來尋求協助的當事人是已年過七旬的A公司董事長老胡。A公司經營的高爾夫球場在某一年度向客戶收取清潔費收入時，沒有替客戶代徵娛樂稅，因而被某地方稅捐稽徵處補徵娛樂稅300萬元；更嚴重的是，這間球場除了被補稅外，還被按應納稅額處以5倍的罰鍰1,500萬元。

老胡收到罰單時兩腿發軟，臉色慘白，彷彿所有的力氣都被抽離了身體，心中的憤怒和錯愕交織在一起。

稅捐稽徵處翻了翻財政部早年的解釋函令（85函），告訴老胡：「只要清潔費是併同入場費強制收取，就屬於娛樂價款的一環，應課徵娛樂稅。」

我可以理解，財政部85函的規範目的，應該是為了避免高爾夫球場將（應稅的）果嶺費挪到（免稅的）清潔費，防止業者巧立名目逃漏稅捐。

意外的是，財政部在十多年後又發布一則新的解釋函令（97函），並廢止85函的適用。在97函中，財政部一改以往的態度，認為「高爾夫球場收取更衣室、浴室及盥洗室等費用，可以從高爾夫球場課徵娛樂稅項目收費額中扣除，但最多不超過收費額的15%」。換句話說，娛樂人為更衣盥洗所支付的清潔費，在一定限度內不用繳納娛樂稅。

97函發布當時，A公司剛好提起行政訴訟，正由行政法院審理中。

當時我心想，應該是天公伯做球給我，讓我有機會好好表現啊！

但意外的是，這場官司最後還是敗訴收場。

因為稅捐稽徵處在訴訟中主張，「97函的適用，必須是業者在報稅時已經主動告知有該筆費用，才能夠據實認列；如事前未申報有清潔費的收入，一旦被查獲，就不得再主張適用97函。」

而法院也接受了稅捐稽徵處的講法。

這個案件是我執業生涯代理稅務訴訟的第一戰，它讓我見識到了稅捐法規的可變動性，也讓我看到了企業在面對稅務案件時的不確定性。

德國可以，臺灣也可以

5年後，我人在德國進修。在進入博士班前，我先在德國科隆大學攻讀企業稅法碩士（LL.M. Unternehmensteuerrecht）。我們班上15個人，除了我和一位阿根廷來的女孩子是外國人，其他13位同學都是德國當地從事稅務工作的專業人士，包含3位稅務人員、3位稅務律師、3位會計師，以及4位稅務諮詢師。

在一整年的課程中，討論主題相當多元（包含人合公司的企業稅法、資合公司的企業稅法、組織重組的企業稅法、歐洲企業稅法、美國企業稅法等），但關注的重點卻始終聚焦在：德國的中小企業稅制究竟該如何適用？

原因很簡單，以2021年為例，德國中小企業將近320萬家，占所有企業的99.3%。你可以說，中小企業撐起了德國經濟的半邊天。

同樣的，近年來我國中小企業的數量也來到一個新高點。截至2022年，我國擁有超過163萬家中小企業，占所有企業的98.90%。無庸置疑，中小企業也是臺灣經濟的重要支柱。

中小企業對於兩國經濟而言都同樣有著舉足輕重的地位。在德國，有關中小企業的稅制設計雖然有著細膩的安排，但企業對於稅務風險的管理，基本上不用擔心缺乏專業人士的協助，也不用煩惱沒有清楚易懂的資源可供參考。

那臺灣呢？

一個臺灣的中小企業老闆，在有限的資源下，他如果想知道他的哪些行為會有稅務風險，有沒有一個簡單好上手的自學管道？有沒有一個人，願意一路上陪伴著他，從創業到茁壯，只提供最可靠的稅務規劃？

如果他能夠掌握一些基本的稅務觀念，他可以在企業經營與風險管理上獲得安定的力量。那會是怎樣的感覺？

寫一本書，給一份安定的力量。這樣的念頭油然而生。

一本屬於「中小企業主」的節稅書

身為老闆的你，特別是創業初期，經常有人主動給你出主意。有時你聽人說，一個人獨資繳的稅較少，於是你先獨資經營；過沒多久，又有人告訴你開公司比較省稅，於是你又想把獨資改成公司。耳根子夠軟的你也不想這麼樣反反覆覆，你只想確定，到底誰說的才算數？哪一種企業組織型態最適合當下的你？

身為老闆的你，可能最怕聽到五月天。因為那會提醒你，今年五月別忘了要繳稅。除了五月份的所得稅外，還有每兩個月一次的營業稅，以及其他勞健保等稅費。林林總總加起來，你發現，有時候你淨賺的盈餘可能還不夠撐起你當老闆的野心。於是你開始自我懷疑，到底是能力不夠，所以賺太少？還是哪個環節忽略了，所以稅多繳？

身為老闆的你，要煩心的事還真不少。當你還是員工時，你只需要為份內的事負責；但你當了老闆，你必須為員工負責，必須為股東及債權人負責。你的責任感不斷提醒你，讓公司面臨危機就是老闆的失職。你不僅要維持公司的財務健全，要招募、培訓與激勵員工，還要拓展業務、更新技術，更要確保公司一切都符合法令要求。這還不包括老闆也要有時間平衡自己的工作與家庭。

雖然，每個家庭都需要一個勇敢的人。

於是，你覺得壓力好大。你的步調越快，員工的心越慢，整間公司好像圍繞著你打轉。離開學校越久，你對知識的焦慮感就越大。你不曉得，客戶提供的這份合約究竟有沒有稅務風險？你甚至不知道，拿到一張與實際交易對象名稱不符的發票，有沒有被補稅或處罰的可能？

當老闆的你常對員工說「辛苦了」，但又有誰對你說一聲「辛苦了」？

每個老闆心中都有一些關於繳稅的三兩事，那些你曾經心有不甘的故事，卻從來沒有好好對別人說過。或許，這42個故事不只發生在別人身上，也曾經發生在你身上。而最終，我想講的，還是你的故事。

一本告訴你如何「精準節稅」的書

我的身分是老師，只有學生能自立，才能心安理得。我的身分是學者，只有研究能利人，才能庶幾無愧。於是，我在無數個獨自與電腦螢幕對話的夜晚，完成了這本書。

這不是一本學術論文，沒有旁徵博引、引經據典的宏偉氣勢，也沒有理想的稅制該如何設計的立法建議。

它是一本集結著42個中小企業主在節稅路上的一些成功，但更多是失敗的故事。故事中的主角曾有著喜出望外的雀躍，也有過悔恨懊惱的無奈。為了避免對號入座的困擾，他們的細節已經被修枝裁減，但他們的情緒卻被完整保留下來。透過書中的14個節稅力，我想為你扎根，幫你省錢，引導你跨界，更提醒你避險。

在這些故事中，我試著不要觸犯「知識的詛咒」。因為我知道的事情，別人也許不知道。所以我不斷告誡自己，有沒有可能把複雜的講得簡單些，把簡單的講得有結構些，再把玄之又玄的抽象結構講得具體些。

於是，我提出「精準節稅」的想法。

合法，是處事立業的根本。在表格的四象限中，左上角（1A）代表的是依法該繳的稅，你也確實繳納，讓自己擁有一個正直的人生。這是誠實納稅，也是國民應盡的義務，值得嘉許，更值得鼓勵。

相反的，左下角（1B）代表的是依法該繳的稅卻未如實繳納。可能是故意（欺罔），也可能是過失（疏失）。不論何者，都該嚴正拒斥，下不為例。

特別是故意逃漏稅，偷取國庫利益，不僅違法，更有損福報。

與其花時間想如何規避稅負，不如花心力去想如何規避風險。

老子在《道德經》第73章曾說過：「勇於敢則殺，勇於不敢則活」。

有些事，就算你很敢，也要有「不敢」去做的勇氣。逃漏稅肯定是其中之一。

1A與1B這兩個象限互有消長關係。理想的狀態是「1A越大，1B越小」，但現實的情況卻往往是「1A越小，1B越大」。

另一方面，右上角（2A）呈現的是不該繳的稅卻已經繳納。這可以說是一種「冤枉稅」，應該極力避免。其中又可分為「浪費型」與「踩坑型」兩種類型（詳閱「附錄：企業稅務風險總體檢」）：

1. 浪費型：指納稅義務人原本有機會少繳稅，卻疏於注意，而未爭取到減免待遇，也就是「該省的沒省」。例如：因疏於注意而未享受到租稅優惠，或未能辨識違法的課稅處分。
2. 踩坑型：指納稅義務人未注意到稅法規定，因而付出額外代價，也就是「不該犯卻犯」。此時，稅捐稽徵機關除了對納稅義務人補稅外，還可能有額外的處罰。

最後，右下角（2B）呈現的是不該繳的稅也確實沒繳，也就是本書主張的「精準節稅」。這裡講的「精準節稅」雖然與學理上的「節稅」概念不同（可參閱3-1說明），但卻能為企業解決更多的稅務問題，是其優點。

簡單講，能只花3萬元繳稅，憑什麼要掏5萬元？

同樣的，2A與2B兩個象限也有消長關係。一個失敗的稅務管理可能導致「2A越大、2B越小」；相反的，一個成功的稅務管理，也就是「精準節稅」，可以讓「2A越小、2B越大」。這本書的目標，就是要指出實務上常見的2A類型。

唯有清楚辨識「冤枉稅」（2A），才能避免「冤枉稅」（2A），走向「精準節稅」（2B）！

	1. 該繳的稅	2. 不該繳的稅
A. 繳納	誠實納稅（鼓勵）	冤枉稅（避免） （1）浪費型：該省的沒省 （2）踩坑型：不該犯卻犯
B. 不繳	欺罔疏失（拒斥）	精準節稅（目標）

（作者自製）

傳奇投資人查理・蒙格（Charlie Munger）曾經說過：「我發現人生想要成功，只要做到兩件事，一是不做愚蠢的事，二是活得久。」人生會遇到的愚蠢事很多，繳太多「冤枉稅」，是其一；讓自己走進牢獄之災，則是其二。

每個人都想財務自由。但自由不能沒有紀律，紀律不能沒有原則，原則不能沒有方法。掌握這本書的14個節稅力，或許是方法之一。

讓我陪你走一段上坡路

回首來時路，想想自己，沉浸在稅法領域已經超過20年。

從臺大法律研究所時期就以稅法為研究主題，服兵役期間待在關稅總局，退伍後執行律師業務，也是以稅務案件為主。幸獲教育部公費留學，赴德國攻讀碩士與博士學位，同樣是以稅法為研究領域。回臺灣後，相繼在臺科大與臺大從事研究與教學，依舊還是鍾情最愛的稅法。

這些年幸得機緣，讓我有機會在法官學院、財政人員訓練所、各區國稅局與其他公部門演講、授課。透過和法官及稅務人員的對話，我慢慢能夠理解許多稅法規定的背景緣由，以及那些稅務行政上細小微妙的堅持所為何來。

這幾年，我還何其有幸透過律師公會、會計師公會的課程，瞭解律師、會計師與企業法務們的想法；藉由會計研究發展基金會的授課，傾聽上市櫃公司財會主管們的心聲；以及個別企業的內訓課程，近距離為企業的稅務困境提供淺見。

透過這些與公部門及私部門的對話經驗，我大概可以知道你的問題該如何找出路。如果你願意，就讓我陪你走一段上坡路。

如果透過42個故事，可以快速幫你的公司做一次稅務健檢，你想要試試看嗎？

我知道，42個故事，你可能無法兩三下輕鬆搞定。但所有的努力，都是為了面對困難時更遊刃有餘。

當你坐在書桌前翻開這本書，他們嘲笑你。但當你開始不再為繳稅而煩惱時，他們卻又跑來關心你。

等你看完這本書，你將會發現，不要再用錯誤的灰階思維去定義黑白分明的節稅觀念。如果你不懂精準節稅，你就要配合稅務專家的報價；但如果你略懂精準節稅，稅務專家就要配合你的報價，對吧？

每個老闆都很不容易，都是帶著傷痕走下去。身為老闆，人生可以倒，公司卻不能輕易倒下。沒有無法迴避的稅務風險，只有不願意改變的因循觀念。如果不滿意現在，那何不做出改變？

這本書，不只希望幫助你精準節稅，更希望讓你每晚安穩入睡。

用簡單的方式，過想要的生活。

把好不容易擠出的時間，留給最親愛的家人。

把好不容易掙來的財富，傳遞給最渴望幫助的靈魂。

別忘了，自己暖了，也要讓別人不冷。

第1部

扎根力

節稅力1

慎選組織

好的開始會帶來好的結果。

慎選你的企業組織，那是你抵擋稅務風險時的盔甲。

1-1

自己的舞台自己搭——獨資、合夥與公司，何者有利？

在創業的早期階段，除了找人、找錢、找方向之外，該如何選擇一個合適的企業組織也同樣重要。這不僅是企業進入競爭激烈的商業環境前的首要步驟，也是確保長期成功的重要關鍵。

你虧錢我來擔，我借錢與你無關

這些年，每當有假期，我們全家總是直奔宜蘭，享受愜意的家庭時光。我們經常蒞臨一間小餐館（A餐館），這裡無論是午餐或是晚餐總是座無虛席。老闆瑞克和我年紀相仿，因為有共同話題，我們逐漸成為朋友。

幾個月前的一個週末下午，我們全家再次造訪A餐館。我看瑞克好像悶悶不樂，一個人站在門口吞雲吐霧。我走過去和他閒聊幾句，想說詢問他的近況如何。

「唉，A餐館前年的課稅所得額，最近被國稅局調增100多萬元。辛苦賺來的錢就這樣沒了！」瑞克面有難色地看著我。

「怎麼會這麼嚴重？」

瑞克告訴我，A餐館是他個人獨資經營的商號，生意很不錯，餐館空間已容納不下目前的客量。他一直有個夢想，希望打造一間只賣五星級食材的海鮮美食館。於是在幾年前，他拿著從上一代繼承來的土地向銀行借了一大筆錢，決定為A餐館重新蓋樓裝潢。

瑞克聽了朋友的建議，在A餐館前年申報營利事業所得稅時，將瑞克付給銀行的利息100多萬元，列支為A餐館的利息費用，做為全年所得額的減項。但這筆費用，事後卻遭國稅局剔除。

「國稅局應該是認為，錢是你個人向銀行借的，不是獨資商號借的。你把向銀行借來的錢，再借給獨資商號。依規定，獨資商號向資本主所借貸的款項應以資本主往來論，獨資商號不得認列利息費用。」我拍拍瑞克的肩膀。

「但獨資商號不就是我一個人出資經營，我獨享損益，也承擔風險。既然A餐館不論賺賠都歸我，為何我付的利息不能讓A餐館認列費用？」瑞克滿臉疑惑地看著我。

從民商法的觀點來看，瑞克的講法確實有理。獨資商號不具法人資格，實際上仍屬資本主的事業，故應以資本主個人為權利義務主體。

但在會計上，依據經濟個體假設，獨資商號與資本主是兩個各自獨立的經濟個體。稅法上也依循此一理解，認定獨資所形成的營利事業為獨立的稅捐主體，應依稅法規定申報營業稅及營利事業所得稅，有別於資本主個人。

因此，在獨資商號與資本主之間的財貨或勞務交流，在稅法上也要視為兩個不同主體間的交換。但這不是指，商號向資本主所借貸的款項屬於商號的負債，因而可列支商號的借款利息。否則，無異等同資本主自己借款給自己使用，又對自己負無限清償責任。因此，在會計上，商號向資本主所借貸款項，應以「權益」項下的「資本主往來」科目列帳。

「但如果A餐館是一間公司，公司向股東借款所支付的利息，只要不超過財政部規定的利率標準，就可以核實認定！」

「所以我應該成立公司嗎？」

「這得要看你在乎的事情而定！」

你要的是蝸牛還是蛞蝓？

例如在所得稅的課徵上，公司應申報營利事業所得稅（稅率20%），其稅後盈餘是在會計期間結束後的次一年度，才由公司決定是否分配給股東。只有當公司分配盈餘給個人股東時，才會計入股東的綜合所得課稅。

股東在申報綜合所得稅時，可以選擇股利所得按28%分開計稅，也可以選擇將股利所得計入綜合所得課稅，並按股利金額8.5%計算可抵減稅額，每一申報戶以8萬元為限。

公司當年度盈餘如未分配，股東雖可延遲繳稅，但公司原則上應就未分配盈餘加徵5%的營利事業所得稅。

相較之下，獨資或合夥組織僅須辦理營利事業所得稅的結算申報，無須計算及繳納稅額（如為小規模營利事業，則無須辦理結算申報，直接由稅捐稽徵機關核定其營利事業所得額）；且獨資或合夥組織無保留盈餘的可能，其因營業產生的盈餘，即營利事業所得，會直接計入資本主或合夥人的綜合所得課稅（稅率5%、12%、20%、30%、40%），資本主或合夥人無法延遲繳稅。

假設公司盈餘未來都會分配給股東，則選擇獨資或合夥，其總稅負可能較為有利。因為獨資或合夥不用像公司一樣，先繳納20%的營利事業所得稅。

但現實的情況卻未必如此，因為公司未必會分配盈餘給股東。且公司未來如有虧損，還可適用「盈虧互抵」，沖減公司可分配給股東的盈餘。股東未來的稅負就有可能降低，甚至所剩無幾。

此外，現行的租稅優惠制度，原則上多適用於公司組織，少有獨資或合夥適用餘地。

更重要的是，由於獨資或合夥組織不具備獨立的法人資格，事業與成員無法分離。因此，資本主或合夥人必須對其事業所產生的債務負無限責任。

相較之下，公司（無限與兩合公司除外）與出資人（股東）是不同的法律個體。各股東對於公司的責任，原則上僅以其出資額為限，負有限責任。

換言之，相較於獨資或合夥是赤身暴露在風險中（無殼的蛞蝓）；公司則有著天然的屏蔽效應，可以阻擋突如其來的不確定性，守護你的家人與財富（有殼的蝸牛）。

當你的商業規模還在爬坡階段，或許可以先從獨資或合夥著手；但如果你的商業飛輪已經開始運轉，就應該認真考慮公司型態。

「你不會一直都是個小規模！」我看著眼裡有光的瑞克。

「我知道，能力越大，責任越大，風險也就跟著擴大。我會考慮改成公司型態！」

我們有默契地拍了拍對方，在笑聲中一起走進A餐館。

精準節稅

常見的企業組織型態，不外乎有獨資、合夥與公司三種原型（其他像「有限合夥」或「閉鎖型公司」，則是因應特別需求規劃的特殊類型）。創業者可以從以下三大面向分析自身需求，選擇最佳舞台：

1. 發展風險

獨資或合夥的設立，主要依據商業登記法。除小規模商業外，只需要向所在地主管機關申請登記即可，設立成本低，設立程序較公司簡易。但商業名稱（例如商號、店、社、行等）只適用於設立的直轄市或縣（市），不得跨區使用，且不得使用公司字樣。此外，獨資或合夥的資本有限，發展上較為侷限。

相較之下，公司的設立則依據公司法。公司必須依法完成設立登記後，才可以以公司名義營業；如有違反，甚至有刑事責任。再者，公司名稱的保護可適用於全國，不限於設立的直轄市或縣（市）。此外，若有意引進外部投資人，因應企業不同發展階段做彈性安排，可考慮設立股份有限公司。

2. 法律風險

獨資是資本主一人出資經營，不論有賺有賠，全歸資本主一人。合夥則是兩個以上合夥人互約出資，以經營共同事業所成立的組織。兩者運作上雖較公司更具彈性，但由於獨資或合夥不具備獨立的法人格，因此，資本主或合夥人對其事業所產生的債務，必須負完全清償的無限責任。

相較之下，除無限公司或兩合公司的無限責任股東外，公司與出資人（股東）是不同的法律個體，各股東對於公司的責任，只以其出資額為限，負有限責任。

3. 稅務風險

在所得稅的課徵上，公司應申報營利事業所得稅（稅率20%），其稅後盈餘如分配給股東，股東可以選擇將股利所得按28%分開計稅；也可以選擇將股利所得計入綜合所得課稅，並按股利金額8.5%計算可抵減稅額，每一申報戶以8萬元為限。

公司也可以選擇當年度盈餘不分配，此時股東可延遲繳稅，但公司應就該未分配盈餘加徵5%的營利事業所得稅。

然而，公司如以該盈餘興建或購買供自行生產或營業用的建築物、軟硬體設備或技術，且支出合計達100萬元以上，在當年度盈餘發生的次年度起3年內，在計算當年度未分配盈餘時，該實質投資金額得列為減除項目，即可免加徵5%營利事業所得稅（➔產業創新條例第23條之3）。

至於獨資或合夥，因營業產生的盈餘，會直接計入資本主或合夥人的綜合所得課稅，因而無法延遲繳稅。

兩者相較之下，獨資或合夥的整體稅負，看似較公司有利。但由於公司還可適用「盈虧互抵」（➔所得稅法第39條），沖減公司未來可分配給股東的盈餘。

此外，現行的租稅優惠制度，原則上多適用於公司組織，例如：研究發展支出適用投資抵減（➔產業創新條例第10條、中小企業發展條例第35條、生技醫藥產業發展條例第5條）、增僱員工（或加薪）薪資費用加成減除租稅優惠（➔中小企業發展條例36條之2）、投資全新智慧機械與第五代行動通訊系統及資通安全產品或服務適用投資抵減（➔產業創新條例第10條之1）。相較之下，在獨資或合夥，僅得適用增僱員工（或加薪）薪資費用加成減除的租稅優惠，但小規模營利事業仍排除在外。

最後，在借款利息的認列上，獨資事業向資本主，或合夥組織向合夥人所借貸款項，均應以「資本主往來」論，不得列支利息（➔所得稅法施行細則第34條）。相較之下，公司向股東借款所支付的利息，在不超過財政部規定的利率標準內，即可核實認列。在融資管道上，公司更為便利。

自己的舞台，最終還是得靠自己搭。帶殼的（公司）與不帶殼的（獨資、合夥），其實沒有絕對的好壞，只有適不適合現階段的你。

經營一間公司，雖然有代價不低的維護成本，但它卻能在你最需要的時候，為你付出最高價值！

參考資料

最高行政法院111年度上字第820號判決、最高行政法院96年度判字第1703號判決、高雄高等行政法院103年度訴字第424號判決。

1-2

何處是我家？——如何選擇公司登記地

疫情嚴重時，確診似乎已成常態，防疫政策逐漸走向與病毒共存。產業的抗疫策略，也被迫進入一場看不見盡頭的持久戰。但日子總是得過下去，面對疫情的起伏，許多創業者開始思考，該如何選擇公司的登記地址，才能夠順利渡過難關。

公司登記在我家？

我的鄰居P哥，原本在一間中小型的科技公司上班，2021年的三級警戒期間不幸被裁員。經過幾個月的沉潛，擁有軟體開發技術的P哥決定和幾位好友一起創業，打算提供APP軟體開發的服務。前陣子P哥跑來找我，他想知道該如何選擇公司的登記地址。

一般而言，公司向經濟部或各直轄市政府辦理設立登記時，應該填載的公司所在地，當然就是以該公司的主要營業場所（總機構）為準。由於公司所在地將來會做為政府公文書送達的地點，因此只以一處為限。其餘的營業場所，不論名稱為何，都只是分支機構的性質。但不論是總機構或其他營業場所，都應該在開始營業前，分別向稅捐稽徵機關申請「稅籍登記」。

我聽得出來，P哥真正關心的其實是稅籍登記的問題。因為公司只要有稅籍登記，後續就得照規矩繳稅。但面對疫情的起伏，P哥其實也沒把握他的事業能否順利啟航。

他問我：「可不可以用自己的住家做為公司的登記地址？」

以自用住家為登記地址，法律上並未禁止，但一切就要名實相符。

由於供營業使用的房屋稅與地價稅，稅率都高於供自住使用。因此，當你的住家有部分使用面積（法律規定至少六分之一以上）實際上供營業使用，這部分面積的房屋稅與地價稅，就會因此調漲。

當然，或許你會認為，房屋稅是依照評定現值、地價稅是依照公告地價做為稅基。這兩個計算標準，依據現行規定都不算太高。因此，即便將部分的房屋與土地改用較高的營業用稅率，實際上會影響的稅額還是有限。

但如果你的自用住宅短期內有出售的考量，就必須另外考慮土地增值稅與房地合一所得稅的稅負效應。因為依據現行規定，土地所有權人出售自用住宅用地，在土地增值稅部分，如出售前1年內未曾供營業或出租使用，可以適用10%的優惠稅率（在符合特定條件下，甚至可以不限次數適用）；在房地合一所得稅部分，則要求在出售前6年內不得有出租、供營業或執行業務使用，才可以享受400萬元的免稅所得額，並就超過部分適用10%的優惠稅率。

你現在或許沒有換屋的考量，但人生的際遇實在很難講。一旦機會來臨時才發現，實際上要繳的稅反而更重，那就真的得不償失了。

如果以上的稅負影響都不在你的考量之內。我還是會建議你，至少應該向主管機關確認一下，你的主要營業項目是否符合你住家的土地使用分區管制與建築管理等相關規定，才不會閃過了稅負風險，卻違反建築管理、都市計畫或消防安全等相關法令。

一家登記萬家香？

P哥聽完我的說明後顯得有些猶豫。他又繼續問我：「聽說很多人把公司登記在商務中心或共享辦公室？」

這確實是一種常見的做法。特別是，許多中小企業成立初期還不需要一個夠氣派的營業場所，只要有一個可以方便聯絡與接待客戶的辦公室就已經足夠。此時，坊間常見的商務中心或共享辦公室，就成為新創業者或電商最常使用的登記地址。

但實際上，每間商務中心或共享辦公室的做法都不盡相同。大部分的商務中心或共享辦公室可以提供你一個公司登記地址，可以出租辦公室，甚至可以為你代收信件。但如果涉及到稅籍登記，則又是另外一回事。

因為國稅局對於稅籍登記的地點，總有一些過去稽徵實務上的不愉快經驗。同一個地址，雖然可以同時存在兩間以上的公司。但如果是同時存在50間，甚至100間公司時，國稅局就很容易會聯想到「虛設行號」的違章行為，進而從嚴審查。

此外，當業者經營的行業類型，是依法需要實際營業空間的「特許行業」（例如殯葬業）；或是需要倉儲空間來擺放貨物的「進出口業務」；或是需要由國稅局實地勘查營業額，以確認是否免用統一發票的「小規模營業」。這些行業，一旦選擇以商務中心或共享辦公室為登記地址，也很容易被國稅局認定屬於借址行為，因而拒絕給予稅籍登記。

說到底，還是登記名義與實際行為是否相符的問題。不論是以自用住家，或是以商務中心或共享辦公室為登記地址，現行法規與稽徵實務，主要還是基於防弊的考量，採取較為嚴格的審查態度。當然，制度的好壞，絕對值得徵納雙方坐下來，好好檢討。

這時，P哥馬上回我：「但我們生意人，實在沒有本錢停下來，聽他們抬槓制度的好壞。每天一拉開鐵捲門，就是要想辦法增加收入，減少支出。」

我笑著對P哥說：「別忘記，支出有兩種：一種是費用，另一種則是損失。」

當你只想到如何減少費用，卻忘記也要避免損失發生時，不論你再怎麼努力賺錢，你的支出還是不會減少。

收入是否增加，是你賺錢的本事。支出是否減少，則是你看待事物的格局。

幾天後，P哥跑來告訴我。他想了想，決定要長期租用一間辦公室，好好衝刺他的事業。

格局，還沒決定他的結局，但絕對可以讓他好好專注在本業，管他疫情來不來。

精準節稅

不論是有限公司、股份有限公司或有限合夥，或是以獨資或合夥方式經營的事業，都必須在開始營業前，向主管機關辦理公司、商業或有限合夥登記。再由稅捐稽徵機關依據公司、商業或

有限合夥登記主管機關提供的基本資料，辦理稅籍登記（➔稅籍登記規則第3條第2項）；進而申請核發統一發票購票證，並購買統一發票。

甚至是營業人的工廠、機房、建築工程場所、辦事處、分店、門市部等固定營業場所，只要有對外營業，都必須在開始營業前，分別向稅捐稽徵機關申請稅籍登記（➔稅籍登記規則第3條第3項）。因此，稅籍登記的範圍，實際上可能大於公司、商業或有限合夥登記的範圍。

對於草創階段的中小企業主而言，由於收入還不夠穩定，為了節省成本，經常選擇以住家或商務中心做為公司登記地，甚至是稅籍登記地。

當住家實際上供營業使用，只要6年內沒有轉售的規劃，稅務上會受影響的，可能只剩房屋稅與地價稅的些微調漲。但稅務風險可以承受，不代表以自用住宅營業就是合法選項。

在建築管理及都市計畫法令的約束下，還是應該先行檢視企業的主要營業項目，以確認營業場所是否符合規定。例如在營業場所內供人飲酒，涉及飲酒店業使用，如有不符土地使用分區管制規定時，就有被裁罰的風險。

當以商務中心做為稅籍登記地，則可能出現同一登記地址，卻有大量使用統一發票情形。此時，稅捐稽徵機關為避免「虛設行號」等違章行為，可能管制營業人購買統一發票（➔統一發票使用辦法第5條之1），或拒絕給予稅籍登記，故依舊存在著不確定的稅務風險。

「樹頭徛予在，毋驚樹尾做風颱。」

事業剛起步的你，請遠離這些不必要的法律及稅務風險，而且離得越遠越好。

參考資料

所得稅法第4條之5、第14條之4；土地稅法第34條；稅籍登記規則第3條；統一發票使用辦法第5條之1。

1-3

把公司開在雲端——網路店家的課稅問題

你或許聽過，不論你是不是上班族，都應該試著把自己活成一間公司。就像管理一間公司一樣，經營你的人生。

但是在網路世界裡，努力斜槓、認真打拚的你，看在國稅局眼中，很可能早已是一間公司！

團購主也要繳稅？

亞倫是我在跑步社認識的朋友，年紀和我相仿。每週到了要訓練跑步的晚上，他總是精神飽滿地前來，絲毫沒有白天工作的疲憊感。

但幾個月前，在一次課前熱身時，我發現亞倫有些無精打采，步伐略顯沉重。我趁著休息時，上前詢問他的狀況，才知道，這兩年來他藉由臉書（Facebook）等網路直播平台，開團代購全臺各大飯店、度假村的住宿券及門票。在疫情解封後，亞倫每個月的銷售額都超過40萬元。

然而，亞倫在網路上開團代購的行為，卻遭人檢舉涉嫌逃漏稅。國稅局隨後通知亞倫配合調查，進而發現亞倫每個月銷售額都超過20萬元，已達營業人使用統一發票的銷售額標準。但亞倫既未辦理稅籍登記，也未開立統一發票。國稅局因而對亞倫補徵稅款50萬元，同時就亞倫所漏稅額，裁處一倍的罰鍰50萬元。

「我只是偶爾在臉書上發起團購，再向飯店爭取較優惠的折扣而已啊！」亞倫的眉頭深鎖，一臉不解地看著我。

事實上，營業稅法上有關營業人的資格認定，並非單獨觀察有無形式上的稅籍登記，或有無事業組織而定，而是著重在其表現於外的行為。亦即，凡是從事勞務或貨物「銷售行為」的權利主體，均屬營業稅法上的「營業人」。

其中「銷售行為」是指持續性的出賣行為。所謂的「持續性」，雖然不要求時間上的連續性，但仍以「在一段密接時間內，反覆多次為出賣行為」為必要。至於銷售行為是否以營利為目的，則與營業人的資格認定無關。

我小心翼翼地挑選措辭，委婉地告訴亞倫：「從你的交易數量及頻率來看，國稅局應該是認為，你的行為已經構成經常性且持續從事住宿券的銷售，符合營業稅法上的營業人。換句話說，你必須辦理稅籍登記及申報營業稅！」

「但我和一般網路商店或網路拍賣的經營者完全不同。他們是大量買進商品後，再以較高價格轉售，以賺取價差。而我，只是單純將團員委託代購的商品，先買進，再轉交給團員，我沒有要銷售商品給他們！」

「說穿了，我只是代收轉付！」

船過水無痕，豈能不抽成

事實上，在現行法中確實容許營業人代收轉付。只是，在合法代收轉付的情況，營業人受託代收轉付的款項，在收取與轉付之間必須沒有差額。其轉付款項取得的憑證上，買受人欄位應載明為「委託人」，因而得以該憑證交付委託人。唯有符合上述條件，營業人才無須開立統一發票，並免列入銷售額。

然而在本案中，亞倫卻是以自己的名義購買住宿券，飯店業者也是以亞倫購買的整批票券彙開統一發票。縱使開立二聯式統一發票，如為受託購買，也可以在備註欄註記委託人姓名或相關資料，而非將代收轉付的軌跡完全省略掉。

「簡單講，稅法上的代收轉付，有它一定的規矩！」

「問題是，我每件只收取30元的票券處理費，根本沒賺那麼多。國稅局卻以我向飯店業者購買的票券金額同額計算，認定我漏報銷售金額1,000萬元，同時又裁罰一倍，這也太誇張了吧！」

依據目前稽徵實務，當國稅局查獲營業人漏進漏銷時，通常情況下，國稅局會先請營業人提供本案進貨與銷貨的所有物流與金流。只有當國稅局無法確實掌握營業人的漏銷金額，僅查得其漏進金額時，才會以查得的漏進金額核定營業人漏報的銷售額，並據以補稅及處罰。

「國稅局有發函請你提供相關資料嗎？」

「是有啦，但我不想提供，因為那些資料涉及我個人及買家們的隱私啊！」

應注意的是，稅捐稽徵機關就課稅處分的要件事實，雖然依法負有客觀舉證責任，但有關課稅的要件事實，通常發生在納稅義務人管領支配的範圍，如要求稅捐稽徵機關必須全盤掌握，確實有其困難。因此，司法院大法官才會認為，為貫徹公平合法課稅的目的，納稅義務人就其所掌握及管領的課稅資料負有協力義務（➔ 司法院釋字第537號解釋）。

當納稅義務人未能履行協力義務時，一般認為，稅捐稽徵機關對於課稅構成要件的證明程度即可減輕。此時，在證據評價上，即可能對當事人較為不利。

「你應該主動配合調查，積極提出對你有利的事證。有關課稅資料的隱私問題，稅捐稽徵人員依法會保守祕密！」

亞倫聽完我的話，沉默了片刻，隨即轉身離開，又繼續專注下一個練跑行程。

我感覺到他的眼神中還有一絲猶豫與掙扎，彷彿還有一些心結沒有解開。

精準節稅

有關營業人的認定，主要著重在其表現於外的經濟行為。凡是獨立且持續從事貨物或勞務銷售，不論其是否辦理稅籍登記，也不論其為法人、獨資商號或自然人個人，皆屬營業稅法所稱的營業人，同時為營業稅的納稅義務人（➔ 加值型及非加值型營業稅法第2條第1款、第6條第1款）。

營業人如未依規定向國稅局申請稅籍登記，或未依規定開立銷售憑證交付買受人，抑或未依規定申報銷售額時，國稅局得依據查得資料，核定其銷售額及應納稅額並補徵之（➔ 營業稅法第28條、第32條第1項、第35條第1項及第43條第1項第3款）；同時按所漏稅額處5倍以下罰鍰，並得停止營業（➔ 營業稅法第

51條第1項第1款）。

又為了維持租稅公平性，網路賣家的課稅標準必須比照實體商店。因此，網路賣家每個月在網站銷售貨物，如銷售額未達8萬元（銷售勞務未達4萬元），得暫時免向國稅局辦理稅籍登記；但仍應將經營網路交易的「營利所得」併計個人年度綜合所得總額，辦理結算申報。

一旦網路賣家當月的銷售額，銷售貨物達8萬元（銷售勞務達4萬元），就必須立刻向國稅局辦理稅籍登記。其後，網路賣家如每個月的銷售額達上述營業稅起徵點，但未達20萬元時，則由國稅局按銷售額依稅率1%，按季（每年1月、4月、7月、10月月底前發單）課徵。

網路賣家如每個月的銷售額超過20萬元，除依稅法規定免用統一發票者外，即應使用統一發票，稅率為5%，但相關進項稅額可提出扣抵，且必須每兩個月（分別為每年1月、3月、5月、7月、9月、11月）向國稅局申報銷售額並自行繳納營業稅額。

此外，自112年起，為便利消費者辨識賣方營業人相關資訊，營業人專營或兼營以網路平台、行動裝置應用程式（APP）或其他電子方式「銷售貨物或勞務」，其稅籍應登記項目新增「網域名稱及網路位址」及「會員帳號」（如同實體營業人的營業地址，屬重要資訊）；且應於網路銷售網頁及相關交易應用軟體或程式清楚揭露「營業人名稱」及「統一編號」。

營業人專營或兼營以網路平台、APP或其他電子方式「供他人銷售貨物或勞務」，應負保管及提示會員交易記錄的協力義務，故應於收費憑證中載明「會員交易記錄」及「身分識別資料」。

至於實務上常見的開團代購，營業人如主張其為代收轉付，則營業人在收取與轉付間必須沒有差額；其轉付款項取得的憑證上，買受人應載明為委託人，因而得以該憑證交付委託人（➔統一發票使用辦法第8條第3項）。

否則，營業人恐被認定有「漏進漏銷」的違章行為，國稅局得以查得營業人漏進金額核定營業人漏報的銷售額，並據以補稅及處罰。

有些人可能誤以為，在網路上的銷售行為比較不容易被發現。殊不知，相較於實體店面的銷售，網路上的銷售反而更容易留下軌跡。

把公司開在雲端，不會讓你的稅繳得比較少；反而會讓你受到更嚴格的監管。

好日子比較少。

參考資料

最高行政法院111年度上字第852號判決、臺北高等行政法院109年度訴字第1129號判決、臺北高等行政法院109年度訴字第1071號判決、財政部109年1月31日台財稅字第10904512340號令、財政部102年3月19日台財稅字第10200517820號函、財政部94年5月5日台財稅字第09404532300號令、財政部75年7月12日台財稅字第7526254號函、稅籍登記規則（第3條、第4條、第4條之1、第8條）、稅捐稽徵機關管理營利事業會計帳簿憑證辦法（第21條、第24條、第28條之1）。

節稅力2

給對法令

The power to tax involves the power to destroy.
課稅的權力包含著毀滅的權力，執法者豈能不戒慎恐懼。
——美國歷史上最具影響力的首席大法官約翰·馬紹爾（John Marshall）

2-1

你憑「什麼」要我繳稅？——課稅的法源依據

這幾年，經常聽一些創業家們聊到，他們如何在網路上投放廣告以提高商家或商品的能見度。他們之中，有些是在臉書上購買廣告；有些則是為了推廣自家商品，上架國外的電商平台（例如日本樂天，或歐美常用的Amazon等）。無論採取哪一種交易平台，他們共同的心聲都是：要繳的稅還真不少！

這聽起來有些弔詭。你打算在臉書上刊登廣告，才剛刊登完一則廣告，也還沒因廣告而獲利，為何就要繳稅給政府？特別是，在臉書上刊登廣告是付錢給臉書，收錢的既然是臉書，為何稅是由你來繳？這當中一定有什麼誤會。

不過，在探討上述稅制設計是否妥適之前，有一個前提問題必須先解決，也就是：政府這套課稅制度是否有法源依據？法規範的位階又是否足夠？

合格的課稅依據

目前國稅局要求，在平台上刊登廣告的中小企業必須為平台扣繳稅款給政府，其法源依據主要來自「所得稅法」、「所得稅法第8條規定中華民國來源所得認定原則」（下稱「來源所得認定原則」），以及「外國營利事業跨境銷售電子勞務課徵所得稅作業要點」（下稱「跨境電勞課徵所得稅作業要點」）。換言之，政府這套稅制設計確實有法源依據。至於這些法規的位階與效力是否足夠，則有待進一步觀察。

「無代表，不納稅」（No taxation without representation）。這是一句你可能聽過，或甚至說過的經典口號。這句話起源於1750年代，後來廣泛在其他國家使用。主要在描述早期北美十三州人民對英國殖民的不滿，這也是後續引發美國大革命的導火線之一。

事實上，在我國憲法中也存在著「無代表，不納稅」的類似規定。如果翻開我國憲法本文第二章「人民之權利義務」，你會發現，大部分的條文都在規範人民的「權利」，只有簡短三個條文（➔憲法第19條至第21條）提及人民的「義務」。

其中憲法第19條規定：「人民有依法律納稅之義務。」這句話看起來好像是對人民的約束，因為它規定人民有繳稅的「義務」。而且這裡的「人民」，在法律解釋上還不僅是「自然人」而已，也包括「法人」（例如公司、基金會）在內，全都一網打盡。

但其實也沒那麼悲觀。因為這個條文還特別提到，人民有「依法律」納稅的義務。換句話說，為了協助政府籌措財源，推行公共建設，人民固然有納稅義務；但人民也只有在法律有規定的情況下才有納稅義務。立法委員是人民的代表，法律則由立法委員制定。因此，沒有立法委員制定法律，課稅權的行使就不具有正當性。「無代表，不納稅」這句話，在我國同樣行得通。

司法院大法官還特別為憲法第19條取了一個非常響亮的名

稱，叫做「租稅法律主義」。它的內涵是指，與課稅構成要件有關的事項都應該以「法律」，或法律具體明確授權的「法規命令」規定。

你的行政命令是哪一種？

值得注意的是，立法院制定的法規範稱作「法律」；行政機關訂定的法規範則有兩種類型：一種是法律授權給行政機關訂定，稱作「法規命令」，主要規範與人民權利義務有關的事項；另一種則是行政機關自行依職權訂定，稱作「行政規則」，主要規範機關內部的事項。

「法律」是由立法院制定，符合「無代表，不納稅」的要求；「法規命令」則是由行政機關訂定。照理說，「法規命令」似乎不符合「無代表，不納稅」的要求。但我國大法官或許著眼於，「法規命令」畢竟是由「法律」授權給行政機關訂定，而且在「法律」的授權條款中，必須就立法者打算授權給行政機關訂定的事項，具體明確地記載下來。也可以說，人民的聲音已經透過手中的選票傳達給立法委員，再由立法委員把人民的聲音寫進法律條文中。因此，當「法律」授權給行政機關訂定「法規命令」，「法規命令」即便沒有最直接的民意基礎，但至少也有間接的民主正當性。也因此，在大法官眼中，「法規命令」也勉強符合「無代表，不納稅」的要求。但如果是「行政規則」，由於欠缺「法律」的授權，就完全與「無代表，不納稅」的要求有違。

因此，稅捐稽徵機關如果要規範與課稅構成要件有關的事項，在「法律」中直接規定最為理想；如果用「法規命令」規範，也勉強可以接受，但前提是在法律條文中已經有具體明確的授權條款；但如果是「行政規則」，就完全不符合「租稅法律主義」的要求。因為行政規則只能規範一些細節性、技術性的次要事項，不得涉及課稅構成要件有關的事項。

由此看來，國稅局在本案課稅的法源依據，如果是來自「所得稅法」，此時的課稅依據確實師出有名；但如果是來自欠缺法律具體明確授權的「來源所得認定原則」或「跨境電勞課徵所得稅作業要點」，就必須仔細審酌，這兩部行政規則的規範內容，是否只是純粹技術性、細節性的次要事項，而與課稅構成要件無關。換句話說，如果這兩部行政規則所規範的事項，已經超出細節性、技術性事項的射程範圍，而與課稅構成要件直接相關時（例如：誰要繳稅、繳什麼稅、繳多少稅），則此時課稅的法源依據恐怕就值得商榷。

政府憑「什麼」要人民繳稅？憑的是，人民曾經許下的承諾。

但承諾必須是兩情相悅，不可以明明說「不」，卻給人家霸王硬上弓。

精準節稅

有疑問的是，一般民眾該如何辨識，國稅局在課稅時搬出的法條，到底是立法院制定的「法律」，或是行政機關訂定的「行政命令」？又此時的行政命令，有無得到立法者的授權？

這些問題在學理上還有進一步討論的空間。我知道，對於創業的你而言，完美無缺的標準答案經常不是首選；只要有個八成把握，你就得提槍快跑前進。做出接近正確決定的效率，反而更能獲得你的青睞。

也因此，對於上述問題，我可以提供一個簡單的判斷標準：

看法規的名稱。如果一個法規的結尾是以「法、律、條例或通則」這四種名稱來命名，那麼眼前的這個法規就一定是「法律」（➔中央法規標準法第2條）。「法律」也只會使用這四種名稱命名。

如果一個法規的結尾稱作「規程、規則、細則、辦法、綱要、標準或準則」，那麼這個法規一定是行政機關訂定的「行政命令」（➔中央法規標準法第3條）。但要注意的是，此時就不能主張「行政命令」一定是這七種名稱。因為實務上的「行政命令」未必以上述七種名稱來命名。例如你可能聽過「要點、須知、注意事項或原則」等其他名稱。

雖然上述這七種名稱無法做為「行政命令」的唯一判斷依據，但掌握這七種名稱，對於辨識課稅的法源依據還是有所幫助。因為從實務的運作來看，你至少可以說，會稱作「規程、規則、細則、辦法、綱要、標準或準則」這七種名稱，代表這個行政命令絕大部分都有法律授權，因而屬於「法規命令」；但如果是以這七種名稱以外的名稱命名時，此時的行政命令絕大部分都欠缺法律授權，因而僅具有「行政規則」的性質。

當你看透這點，你會發現，不是每一個課稅的規定都理所當然地合格，而必須擺在「民主原則」面前，先仔細盤點，政府課稅的法源依據究竟為何？

人民繳稅，從來都不是天經地義，而是告知後同意。

參考資料

最高行政法院110年度上字第351號判決、臺北高等行政法院高等庭112年度訴字第172號判決。

2-2

與神同行——租稅公平原則的適用

每當我和中小企業主談論臺灣的稅務環境時，經常聽到老闆們的一句抱怨，「聽說在臺灣打稅務訴訟，人民時常敗訴！」

在早年，行政法院由於不開庭行言詞辯論，書面審理的結果，人民往往是吞敗的一方，行政法院因此被戲稱為「駁回法院」。但這幾年，行政法院不論在組織架構或審理程序都已大幅調整，民告官的勝訴率也屢有佳績。也因此，現在當企業遇到不合理的課稅處分時，我都會鼓勵老闆們勇於提起行政救濟，為自己的權利奮鬥。

最近就有一則令我印象深刻的案件，讓我拍案叫絕，直呼：「這法官真有Guts ！」

外型特殊就要加稅？

故事的主角是一間位於桃園的A公司。A公司所有桃園市大園區埔心里的房屋，經桃園市政府地方稅務局做成109年及110年房屋稅繳款書。A公司主張，這兩張繳款書中關於房屋稅的計算標準違法，憤而提起行政救濟。

依據房屋稅條例規定，關於房屋稅的稅額計算是以「房屋現值」乘以「稅率」。其中，「房屋現值」是由地方稅捐稽徵機關，依據各地方政府不動產評價委員會評定的「房屋標準價格」核計而得。而「房屋標準價格」的形成，必須考量建造材料的種類、耐用年數、折舊標準、所處商業交通及房屋供給需求，並比較不同地段的市場交易價格，再以抽象化的標準預先規範。

然而，桃園市政府稅務局卻認為，由於A公司的房屋屬於「特殊建物」，不僅建造成本高於一般建築物，且具有特殊設計。因此在上述法律規定之外，還必須透過桃園市政府稅務局內部制定的作業要點，將A公司位於特定航空噪音防制區域內的房屋標準單價，以200%加價核計「房屋現值」。

其次，由於機場附近居民長年受機場航道噪音影響，因此，對於經市政府公告劃定特定航空噪音防制區的全部房屋，在適用桃園市房屋街道等級調整率核計房屋現值時，桃園市政府稅務局皆按七成核計房屋稅；但唯獨將A公司的房屋排除在此項優惠之外。

對此，A公司既不滿又不解地表示，A公司為履行公共任務所須因而興建特殊設計的建物，為何可以做為增加房屋現值的參考依據？且身為國營企業的A公司，根本不可能將該建物在市場上重複交易，進而炒作房價，又為何需要加倍繳納房屋稅？此外，縱使是航空噪音的因素造成居民困擾，但A公司也已經提撥高額的噪音防制費及回饋金給桃園市政府使用，桃園市政府稅務局卻仍逕自取消A公司的建物適用三成的房屋稅減免，也未免太「牽拖」了吧！

A公司在歷經復查及訴願程序遭駁回後，進入第一審行政訴訟程序，幸運的齒輪似乎開始轉動。

一碼歸一碼

法院認為，桃園市政府稅務局雖然一再主張A公司的建物屬於「特殊建物」，但該建物究竟哪裡特殊（建造成本或外型），其實不夠明確。因為A公司的建物，不論在構造別、建物類型、適用稅率與標準單價等事項，在桃園市政府稅務局的內規中都有相對應的類別可以適用，與其他房屋並無不同。

此外，在A公司的各項建物中，不論構造別、建物類型（功能）、適用稅率與標準單價也各不相同。桃園市政府稅務局僅以其為「特殊建物」，即一概以房屋標準單價加計兩倍核算房屋現值；且只因該建物為A公司所有，即一律排除按七成核計房屋稅的優惠，而未就各該差異甚大的不同房屋予以區別，也不符合「租稅公平原則」。

其次，在國際機場園區發展條例第21條第3項規定中，為鼓勵國際機場的企業化經營，以促進產業發展，提升國家整體競爭力，針對A公司所有的建築物特別給予免納房屋稅的優惠；僅就A公司「提供第三人使用並為收益」的部分，仍維持課徵房屋稅的規定。但桃園市政府稅務局卻又將A公司「提供第三人使用並為收益」之房屋的房屋標準單價，以200%加價核計房屋現值，形同挖東牆（提高供第三人使用並為收益的房屋現值）補西牆（免徵供第三人使用並為收益外之其他房屋的房屋稅），已違反國際機場園區發展條例第21條第3項的規範意旨。

此外，法院認為，機場噪音實際上是源自飛機起降，而非來自房屋本身。換言之，A公司的建物並非造成其他房屋價值貶損的原因；且A公司的建物也和與其他房屋一樣，同樣受到飛機噪音的干擾。如果只是因為A公司經營飛機起降業務為噪音來源，就不允許A公司同享調降房屋現值做為補償，無異等同以租稅手段，課予A公司負擔噪音防制的義務。

白話地講，凡事應該「一碼歸一碼」。飛機的起降聲響如果已經達到噪音管制標準，此時正確的管制工具應該透過噪音管制法來進行約束。此外，依據國際機場園區發展條例第13條及第14條第1項規定，A公司已經負有「向使用人收取噪音防制費，並提撥一定費用做為回饋金」的義務。換言之，對於飛機噪音干擾的危害，現行法制已有相關補償機制可供運用。至於課稅手段，還是應該維持「中立性」與「公平性」，亦即依據「課稅標的（房屋）所表彰的負擔稅捐能力」進行判斷，而不應該夾雜與此標準無關的其他因素在內。

本案最令人欣賞之處在於，法院不僅拒絕適用違法的行政命令（即桃園市政府稅務局制定的作業要點），並明確以「租稅公平原則」審查課稅處分的合法性，實屬難能可貴。在過去，這些抽象的原理原則（例如公平、正義、中立等）經常被法院擺在一旁。一個可能的原因，或許是法院判案講求明確性，而這些基本原則的解釋卻往往因而人而異，使得法院不敢輕易使用。

就好像我經常對我家雙寶說：「你們要乖乖聽話喔！」也同樣空洞難以執行，因為我們對「乖乖聽話」的衡量尺度有著不同的認定標準。

但事實上，正因為這些抽象原理原則的存在，才能夠體現法律的真正價值所在。

菩薩不下凡，豈能救渡眾生？

抽象原則如果只是束之高閣，又如何能在具體個案中扮演神救援的角色？

常聞「人身難得，佛法難聞」。我常想，與神同行的法官，更是難尋！

精準節稅

在稅捐稽徵實務上，判斷一個課稅處分是否合法，通常只會檢視該處分有無違反法律或行政命令；但事實上，除了法律與行政命令以外，稅捐稽徵機關的課稅處分還必須通過「一般法律原則」的檢驗，例如：平等原則、比例原則與信賴保護原則等。

本案法院肯認，房屋稅的稅基雖然可以透過通案式的「行政命令」規範（例如桃園市簡化評定房屋標準價格及房屋現值作業要點、桃園市房屋地段等級表暨桃園市房屋街道等級調整率表），但其內容仍不得背離「量能原則」（根據納稅義務人的經濟能力多寡，決定繳稅金額高低）與「平等原則」（即要求行政行為，非有正當理由，不得為差別待遇）。

本案法院拒絕適用違法的行政命令（➔司法院釋字第216號解釋參照），並明確以「租稅公平原則」（➔憲法第7條、司法院釋字第745號及第779號解釋參照），做為課稅處分合法性的審查依據，對於「一般法律原則」的重視與實踐，誠屬難能可貴。對於後續法院援引「一般法律原則」做為裁判依據，可望發揮承先啟後的效應。

企業未來在面對欠缺法規依據，但不符合實質公平的課稅處分時，除了可參考本案判決意旨外，也可以考慮藉由納稅者權利保護法第1條規定「實現課稅公平」的用語，做為主張適用「租稅公平原則」的規範依據，更能增添論述上的說服力。

參考資料

最高行政法院111年度上字第633號判決、臺北高等行政法院110年度訴字第1374號判決。

2-3

稅法也可能「違憲」？——違憲審查的救濟管道

如果眼前的稅法不是你想要的，除了回頭找立法委員興師問罪外，你唯一可以做的，就是想盡辦法走進憲法法庭的殿堂。

沒人要的補申報文件

故事的主角是一間位於北部的油品業G公司。G公司的財務主管蘇珊是我認識的一位前輩。她告訴我，他們公司多年前曾經遇到一件歷經波折的稅務案件。

G公司在某一年度曾經向國外的K公司承租當地的儲油槽設備，同時由K公司協助設備的管路清理、停泊與裝卸等服務。為此，G公司支付租金費用與管理費用（共計2,000多萬元）給K公司。不久，G公司接獲國稅局的函文，指G公司未依規定就上述租金費用與管理費用扣繳20%的稅款（400多萬元），故限期補繳上述應扣未扣稅款。

依據所得稅法第3條第3項規定，當總機構在我國境外的營利事業從我國獲取一筆所得，是否應就該筆所得繳納我國所得稅，須視該筆所得是否屬於所得稅法第8條規定的「中華民國來源所得」而定？只有當該境外營利事業獲取的所得屬於第8條所稱「中華民國來源所得」時，該境外營利事業才需要就該筆所得繳納我國所得稅。

在所得稅法第8條規定中，與本案相關的所得類型主要為「租金所得」（第5款）與「勞務所得」（第3款）。「租金所得」是指「在我國境內的財產」因租賃而取得的租金。「勞務所得」則是指「在我國境內提供勞務」而取得的報酬。

蘇珊認為，G公司向K公司承租的儲油槽設備既然位於國外，K公司向G公司提供管路清理、停泊與裝卸等操作勞務，也同樣發生在國外。K公司既然沒有因我國「境內財產」出租而取得租金，也沒有在我國「境內提供勞務」而獲取報酬，G公司當然也就不需要為K公司從未發生的納稅義務代為扣繳稅款。

但面對眼前的補稅通知，蘇珊該怎麼辦？

特別是，依據（當時的）所得稅法第114條規定，當扣繳義務人未依法扣繳稅款，其事後雖在國稅局所定期限內補繳應扣稅款，且按實補報扣繳憑單時，仍須按先前未依法扣繳的稅款處一倍罰鍰；其事後未在國稅局所定期限內補繳應扣稅款，或未按實補報扣繳憑單時，則須按未依法扣繳的稅款處三倍罰鍰。

蘇珊當時做了一個現在回想起來都覺得勇氣十足的決定。她先幫G公司補繳400多萬元的稅款，再請員工小希親赴國稅局，為G公司補報扣繳憑單。當小希把手中的補申報文件交給國稅局的承辦人員時，只見承辦人員滿臉狐疑地看著小希，隨即轉身，把文件拿進去請示長官。

10分鐘後，承辦人員告訴小希：「你們勾選的所得類別『租賃所得』是錯的。本案G公司是使用K公司倉儲服務整體資源，K公司並非單純在國外提供勞務或出租財產。因此，K公司因提供這些服務所收取的報酬，應該屬於『其他所得』的類型，你們要先更正才能送件。」

但小希似乎有備而來，出門前，蘇珊還不忘對小希耳提面命一番。小希毅然地拒絕承辦人員的更正要求，雙方僵持不下。最後，承辦人員依舊拒絕收件，小希只好帶著文件返回公司。

幾天後，蘇珊請小希把補申報文件寄給國稅局。經過幾次電話溝通，雙方依舊沒有交集。國稅局又再次把補申報文件退回給G公司。

就這樣，一份未扣繳稅款的補申報文件在G公司與國稅局之間來來回回，兩方都不願意退讓。

走向憲法法庭

不意外地，3個月後，G公司收到國稅局的罰鍰處分。國稅局認定G公司未完成「按實補報扣繳憑單」手續，因而按G公司未依法扣繳的稅款，重罰三倍罰鍰。

面對所得性質尚待確定的400多萬元未扣繳稅款，外加1,200多萬元的罰鍰處分，蘇珊內心承受的壓力可想而知。既然沒有退路，就全力爭訟到底。

只可惜，這個案件從復查、訴願，到第一審與第二審行政訴訟，G公司一路敗訴到底。

在蘇珊的認知裡，K公司獲取的所得，明明就和法律明定的「租金所得」與「勞務所得」密切相關。她實在無法理解，為何從稅捐稽徵機關、財政部，到兩個審級的行政法院，會認為本案應屬另一個規範內涵較為不明確的所得類型（即「其他所得」）。

此外，G公司在國稅局發函通知後，也確實如期補繳未扣繳稅款，並未導致國家稅收短少。國稅局若要以G公司未按實補報扣繳憑單為由，就論以未扣繳稅款3倍的罰鍰，實在過於沉重。

蘇珊雖然知道，在行政救濟程序終結後還有一個微乎其微的救濟可能，也就是聲請大法官解釋。但在她內心，對於本案的勝訴已不再抱有任何希望。

3年後，司法院大法官做出解釋（釋字第673號）。對於本案G公司獲取的所得類型為何？以及是否屬「應扣繳」範圍的所得？大法官或許認為，這是法院認事用法的問題，為避免司法院成為爭訟案件的第四審，故未對此表示意見。

然而關於處罰，大法官則認為扣繳義務人如果在期限內已補繳稅款，僅不按實補報扣繳憑單（已繳未報），雖然會影響政府掌握課稅資料的完整性，但該補繳的稅款畢竟已徵足；相較於完全不補繳稅款（未繳未報），後者對國家稅收造成的不利影響恐怕更大。「已繳未報」的可歸責性顯然較輕。因此，立法上將「已繳未報」與「未繳未報」做相同處理，亦即一律按未扣繳稅款處三倍罰鍰，而未給予稅捐稽徵機關參酌具體違章情況，按情節輕重裁量罰鍰的數額。這樣的處罰顯然並非必要，不符合憲法第23條的「比例原則」。最終，G公司的重罰可望被撤銷。

多年後我再次遇到蘇珊，我好奇地問她：「妳當年為何這麼堅持，不願依國稅局的要求，更正補申報文件？」

「他們當時只是想說服我，要我去接受一個我完全無法理解的法律解釋！」蘇珊一臉苦笑地看著我。

其實每個人都應該培養被說服的能力，一種保持開放的能力。說服了別人，只是把自己的世界稍微撐開一點；但不能被說服，卻有可能失去一切。

立法院通過的法律應當如此，稅捐稽徵機關的課稅處分又何嘗不是。

精準節稅

任何公權力的行使都不得恣意為之。稅捐稽徵機關的課稅與罰鍰應該接受行政法院的檢驗；同樣地，立法院通過的法律也應該接受司法院大法官的檢驗。相較於早期大法官受理釋憲案的審查標的，原則上僅限於「抽象法規範」的審理，違憲審查的成效較為有限。

自112年起，依據「憲法訴訟法」第59條規定：「人民於其憲法上所保障之權利遭受不法侵害，經依法定程序用盡審級救濟程序，對於所受不利確定終局裁判，或該裁判及其所適用之法規範，認有牴觸憲法者，得聲請憲法法庭為宣告違憲之判決。前項聲請，應自用盡審級救濟之最終裁判送達後翌日起之6個月不變期間內為之。」換言之，可以做為憲法法庭違憲審查的標的，不僅及於「抽象法規範」是否違憲的問題，也包含「具體裁判」是否違憲的審理。

有關法院認事用法的爭執，雖然屬於一般法院審查的權限，非憲法法庭所能置喙。但其中如已涉及稅捐構成要件有關事項（例如本案涉及稅捐客體的有無），此項爭執，即屬有無違反憲法第19條所定「租稅法律主義」的憲法問題，憲法法庭即應責無旁貸，積極介入審查。

此外，在判斷某種經濟收益是否屬於中華民國來源所得時，首先應確認，此種收益屬於所得稅法第8條規定中的哪一款所得類型；再依該款所定的所得來源標準，判斷其是否屬於中華民國來源所得。

例如：當一項所得已定性為「勞務報酬」時，即應以「勞務提供地」做為判斷標準（➔同條第3款）。如於境外提供勞務，即非屬中華民國來源所得；如於境內提供勞務，則屬中華民國來源所得。

不應該在一筆所得已定性為「勞務報酬」的前提下，只因該筆所得為境外提供勞務而取得的報酬（故非屬中華民國來源所得），就在所得定性的層次，轉而將該筆所得定性為「其他所得」（➔同條第11款），並認為，凡是在中華民國境內取得的其他收益，都可以歸屬「其他所得」的類型。

早期實務上，對於某些交易類型複雜的案件，往往因當事人間的交易客體為何，稅捐稽徵機關也沒有十足把握，因而傾向將此種交易類型論為「綜合性業務服務」，並歸屬「其他所得」的類型。所幸，財政部後來也意識到，此種解釋有待商榷，因而在「所得稅法第8條規定中華民國來源所得認定原則」第13點中規定：「外國營利事業在中華民國境內提供綜合性業務服務，指提供服務之性質同時含括多種所得類型之交易（如結合專利權使用、勞務提供及設備出租等服務），稅捐稽徵機關應先釐清交易涉及之所得態樣，依其性質分別歸屬適當之所得，不宜逕予歸類為其他收益。」此項進步的見解，值得贊同。

在德文的世界裡，「權利」與「法律」，同樣都是使用「Recht」一字。這意味著，每一部法律，都是靠人民的權利爭取而來。當爭取到手的法律不是你想要的，你該做的不是怨天尤人，而是起身努力，一步一步地攻進憲法法庭，維護你神聖的權利。

幸福，從來都不是從天而降。幸福，是靠著你我的堅持，一點一滴爭取而來。

參考資料

司法院大法官釋字第673號解釋、釋字第713號解釋、最高行政法院98年度判字第685號判決。

節稅力3

迴避風險

《孟子·離婁上》:「誠者，天之道也；思誠者，人之道也。」
抄近路，往往會導致迷路。

3-1

媽祖下凡來查稅——節稅、避稅、逃稅如何區分？

當我們談論稅務問題時，經常聽到「節稅」、「避稅」、「逃稅」這三個詞彙。或許你會認為，這只是中文表達不夠精確，反正就是不用繳稅。但實際上，這三組概念在稅法上的評價完全不同。有時候，一個失敗的節稅規劃還可能被認為是違法逃稅，遭稅捐稽徵機關補稅處罰，得不償失。

避稅與逃稅的區別

有一次我來到一間北部的上櫃公司，為這間公司的董事講授一門稅務管理的課程。走進會議室裡只見煙霧裊裊。一位頂著啤酒肚叼著雪茄的大漢朝我走來，很客氣地與我話家常。

原來是董事長，我趕緊收起聞到菸味後的不悅神情，連忙對著他說：「失敬、失敬。」

課程一開始，我好奇地詢問在場的董事們：「你們平常會使用哪些節稅方法？」

就當台下還在交頭接耳地討論時，只見董事長率先舉手，霸氣地對我說：「很簡單啊，我都用小孩的名義買股票，等他獲配股利後再轉給我。」

當下的我睜大雙眼看著董事長，吞了吞口水，我委婉地告訴他：「董仔，你這樣做很危險喔！」

其實我內心想的是，董事長似乎把「沒繳稅」與「節稅」畫上等號。你沒去繳稅，不代表稅法允許你可以不用繳稅。因為一筆所得是否要繳稅，還是得看稅法如何規定。

當稅法規定某一種所得不用繳稅，你沒去繳，這確實是「合法節稅」；但如果稅法的規定是某一種所得應該要繳稅，你沒去繳，就可能涉及「脫法避稅」或「違法逃稅」。

「避稅」指的是，你採取一種迂迴的、異常的交易模式，最終達到少繳稅捐的效果，而這種迂迴的、異常的交易模式卻非稅法的立法者當初所預料。

也就是，從立法意旨來看，立法者認為你應該走直線這條路，但你卻選擇另一條，立法者完全沒有想到的迂迴道路。當然，什麼叫作「迂迴的」、「異常的」交易模式？解釋上可能會有灰色地帶。

最保險的做法，還是應該在交易前先諮詢專業人士的意見。

至於「逃稅」，則是對於原本應該繳稅的所得刻意隱瞞或虛偽不實陳述（例如以多報少），也就是違反誠實申報義務，讓稅捐稽徵機關短漏核定稅捐，如同納稅義務人詐害國家的稅捐債權，這是不折不扣的違法行為。

不論是「避稅」或「逃稅」，都是稅法上不允許的稅捐安排模式，但兩者在法律效果上還是有所差別。

「避稅」的行為一旦被查獲，稅捐稽徵機關會將原本迂迴的交易安排，調整回走直線這條路，並就其間的差額補徵稅款。此外，依據納稅者權利保護法第7條規定，稅捐稽徵機關除了補稅外，還會加徵一筆滯納金及利息。

逃稅的嚴重代價

至於「逃稅」，由於此時納稅義務人的惡性較為重大，因此稅捐稽徵機關除了追徵稅款外，還會依照所漏稅額處以數倍的罰鍰。

但事實上，「逃稅」的代價還不只是罰錢了事；當違法逃稅的情節重大時，稅捐稽徵機關甚至可能將案件移送地方法院檢察署，追究納稅義務人「逃稅」的刑事責任。

特別是稅捐稽徵法在110年12月修正後，逃漏稅的刑事責任已大幅提升。相較於修法前，納稅義務人即使逃漏鉅額稅捐，最後可能只輕罰6萬元罰金了事；修法後，不僅罰金額度提高至1,000萬元以下，刑罰手段也改為有期徒刑「併科」罰金。因此，納稅義務人一旦遭判刑定讞將無法易科罰金，而必須入監服刑。

這些令人感到畏懼的刑事責任，都讓我替這位董事長捏把冷汗。因為董事長利用小孩的名義買賣股票，進而分散股利所得，以降低個人的綜合所得稅，不僅不是「合法節稅」，也不是異常交易模式下的「脫法避稅」。因為「脫法避稅」的成立，還是要以誠實揭露交易事實為前提。

利用他人名義分散所得，實際上是不折不扣的「違法逃稅」。在財政部發布的「稅捐稽徵法第41條所定納稅義務人逃漏稅行為移送偵辦注意事項」中就明白指出，納稅義務人如有「利用他人名義從事交易、隱匿財產、分散所得或其他行為，而故意逃漏稅捐者」，稅捐稽徵機關應移送地檢署偵辦。

在臨走前，我特地走到董事長身旁，委婉地告訴他：

「有時，省點小錢的代價，還不只是罰錢了事而已，而是面臨無妄的牢獄之災。」

「為了你的家人、你的員工，你不只有責任讓自己擁有健康的身體，更有義務讓自己遠離那些不必要的稅務風險。」

只見董事長的臉上硬是擠出一抹微笑，對著我說：「（台語）我知我知，我拜媽祖的。」

我無奈地看著董事長，內心想著：就算媽祖真的下凡，董事長的稅務風險也不會有任何改變。

更何況選舉又到了，一天到晚都有人call媽祖。祂老人家搞不好也要選案，以後只有重大逃漏稅案件，祂才會下凡度眾生。

精準節稅

納稅者權利保護法從106年12月底施行以來，「節稅」、「避稅」、「逃稅」這三組概念，在多年的實務運作下，已經有了相對明確的區分標準。

依據該法第7條規定，「避稅」是指「納稅者基於獲得租稅利益，違背稅法之立法目的，濫用法律形式，以非常規交易規避租稅構成要件之該當，以達成與交易常規相當之經濟效果。」然而，在個案中，企業的交易安排是否違反稅法的立法目的？有無濫用法律形式？經常不是一件容易判斷的事。

事實上，一個正派經營的企業通常不是擔心要繳稅，而是擔心「突然」要繳稅。為了避免不必要的稅務風險，當企業在從事較為罕見的交易安排前，不妨事向稅捐稽徵機關申請諮詢，稅捐稽徵機關依法會在六個月內答覆，以確認交易行為的合法性。

或許你會認為，商業環境講究效率，哪來得及等稅捐稽徵機關六個月的答覆。如果事前沒有取得稅捐稽徵機關的認可，當然也可以先做再說。只是隔年企業在報稅時，或稅捐稽徵機關進行調查時，對於有爭議，且與社會一般人正常認知有別的交易事實，企業應該主動在申報書或調查階段具體說明。

因為「避稅」與「逃稅」的最大差別在於：納稅義務人是否違反有關課稅要件事實的誠實申報義務？當企業就重要事項隱匿，或為虛偽不實陳述，或提供不正確資料，使得稅捐稽徵機關短漏核定稅捐時，就已經不是單純只需要補繳稅款與滯納金的「避稅」，而是涉及違法的「逃稅」。

當事件的發展已經進入「逃稅」階段，企業付出的代價最為嚴重。除了補稅以外，甚至可能追究負責人的刑事責任。稅捐稽徵法第41條即規定：「納稅義務人以詐術或其他不正當方法逃漏稅捐者，處5年以下有期徒刑，併科新台幣1千萬元以下罰金。」

此外，當個人逃漏稅額在新台幣1,000萬元以上，營利事業逃漏稅額在新台幣5,000萬元以上時，刑事責任更提高至「處1年以上7年以下有期徒刑，併科新台幣1,000萬元以上1億元以下罰金」，不可不慎。

掌控稅務風險，決定你的企業格局。別讓1%的風險失控，毀了你99%的努力。

參考資料

最高行政法院108年度判字第183號判決、最高行政法院108年度判字第436號判決、最高行政法院97年度判字第576號判決。

3-2

前仆後繼為哪樁？——藉股權移轉規避稅負

彼特是我大學時期打工的同事，這幾年他事業有成，和其他兩位朋友合資成立一間公司。前陣子我們聚會時，他告訴我，最近他的公司出售土地獲利甚多，打算全數分配給三位大股東。他聽人家說，只要在公司分配獲利給大股東前稍作安排，就可以避免高額的股利所得被課重稅。他想聽聽我的意見，順便請我幫忙安排。

我聽得出來，他指的「稍作安排」是什麼。我沒有先回答他的問題，倒是講了一個10多年前承辦過的案件給他聽。

法律沒有說你不行，就是合法節稅？

故事的主角是一間家族企業A公司與團結的一家四口。A公司的負責人甲，同時也是A公司的大股東，與配偶乙及兩個小孩丙、丁，共同投資成立A公司（資本額5,000萬元）。

A公司在95年度第一季，因出售土地獲取鉅額利益。95年度的除息基準日為95年6月16日。甲在95年5月27日，也就是除息基準日前，將其持有的A公司股票200萬股轉讓給另一間於95年4月15日成立的B公司（資本額500萬元）。而B公司的負責人正是乙。B公司的股東，也同樣是甲乙丙丁四人。

之所以如此規劃，主要是為了迴避個人獲配股利所得時適用較高的累進稅率。在沒有規劃前，甲如果獲配股利，屬於甲個人綜合所得稅的「營利所得」。依當時規定，股利所得應併入甲的綜合所得總額計算，適用累進稅率（5%至40%），最高為40%。

如果依現行規定（107年度起），股利所得的課稅方式有兩種，一種是將股利所得併入甲的綜合所得總額，適用累進稅率，並以股利所得8.5%計算可抵減稅額，且同一申報戶須合併加總，最高以8萬元為可扣減上限；另一種則是分離計稅，亦即甲可以選擇就其申報戶的股利所得，按28%的稅率分開計算應納稅額，此時即不再適用可抵減稅額規定。

當個人所得稅稅率落在5%至20%時，選擇併入計稅最為有利；但如果個人本身已經是最高稅率40%的高所得族群（例如本案的甲），則適用28%的單一稅率較為有利。換言之，本案中的甲如果未做任何安排，至少應就其股利所得，適用28%的單一稅率，繳納綜合所得稅。

相反地，甲如果事先規劃，將其對A公司的持股出售給另一間B公司（出賣人甲仍應按每次交易成交價格，繳納3‰的證券交易稅），也就是改由B公司持有A公司的股份，情況則有所不同。

原因是，為了避免同一筆盈餘在不同公司間被重複課稅，依據所得稅法第42條規定，當B公司投資A公司，並自A公司獲配的股利，不計入B公司的所得額課稅；而是要等到B公司未來將盈餘分配給個人股東（即甲乙丙丁）時，再對個人股東課徵綜合所得稅。

換言之，當A公司就其當年度盈餘分配給B公司時，B公司無須繳稅。B公司當年度盈餘如未做分配，自107年度起，依據所得稅法第66條之9規定，B公司也只需要就該未分配盈餘加徵5%（在甲的個案當年為10%）的營利事業所得稅。

透過上述股權安排，將原本應適用較高稅率28%（在甲的個案當年最高為40%），課徵個人綜合所得稅的營利所得，轉換為營利事業不計入所得額課稅的營利所得。即使加徵5%的營利事業所得稅，也遠低於原本應適用較高稅率課徵的綜合所得稅。

甲認為，上述每一個條文都是所得稅法明文規定，法律也沒有說不能這樣規劃，因此他們是合法節稅。B公司即便未分配盈餘，或延遲將盈餘分配給個人股東，也只是個人股東晚一點繳稅，沒有違法的問題。

再多的敗訴判決，也阻擋不了避稅的決心

但事實上，本案的稅務風險在於以下幾點：

首先是股權買賣雙方的關係。由於A、B兩間公司的負責人及股東為股權買賣的當事人或當事人的近親，甲即便將其對A公司的持股轉讓給B公司，改由B公司持有A公司，但甲實際上對B公司仍有控制力，或至少在人事、財務、業務經營、管理政策上具有重大影響力。換言之，甲仍可藉由持有B公司，間接控制A公司，與甲出售A公司股權之前的效果相當。

其次是股權買賣的時間點。甲將其對A公司持股出售給B公司的時間點，是在A公司獲取鉅額的處分利益後，且在A公司分配盈餘前，時間上非常緊密。

再者，則是股權承買公司的背景。B公司是在本案股權交易前才剛設立完成，且B公司的資本額較小（僅為A公司資本額的十分之一），與購入股權成交價額顯然不相當。此外，B公司幾乎沒有其他營業活動。這些背景事實，很容易讓人對於B公司的成立目的是在規避或減少甲的納稅義務產生連結。

此外，還有交易收付款的資金流程。B公司買受A公司股權時，僅帳列應付帳款，未實際付款。等到A公司股權移轉至B公司後，B公司才以獲配的現金股利償還應付股款，與一般正常的股權交易流程不同。

最後，甲不僅被補稅，同時還被處罰。行政法院與國稅局採取相同立場。而且，這還不是當年被連補帶罰的少數案例。

這類型案件究竟屬於稅捐規避或稅捐逃漏，仍應視個案事實而定。在納稅者權利保護法第7條規定中，對於納稅義務人的稅捐規避行為，也已經嚴格限縮稅捐稽徵機關的處罰權限。但無庸置疑的，此種交易態樣至少是一種被行政法院與國稅局嚴格對待的稅捐規避行為。

我笑著對彼特說，我如果幫你「稍作安排」，一旦被查獲，我們兩個都會笑不出來。

因為這種案件進到法院後要全身而退，幾乎只能期待「命運的安排」。

10多年了，同類型的法院判決，已不知做了多少回。

勇敢的臺灣人，前仆後繼為哪樁？

精準節稅

實務上，針對此類案件補稅的依據，主要來自所得稅法第14條之3第1項規定：「個人、營利事業……與國內外其他個人或營利事業……相互間，如有藉資金、股權之移轉或其他虛偽之安排，不當為他人或自己規避或減少納稅義務者，稽徵機關為正確計算相關納稅義務人之所得額及應納稅額，得報經財政部核准，依查得資料，按實際交易事實依法予以調整。」

此外，該條規定的立法理由也指出：「……由於不同身分納稅義務人間，有關稅額扣抵與退還之規定各不相同，易滋生納稅義務人利用股權之暫時性移轉或其他虛偽之安排，不當規避或減少納稅義務之誘因。為防杜納稅義務人藉投資所得適用稅率高低之不同，將高稅率者應獲配之股利、盈餘及可扣抵稅額，移轉為低稅率者所有，或將不計入課稅之股利或盈餘，移轉為應計入課稅之股利或盈餘，俾利用可扣抵稅額扣抵應納稅額，甚或退還等，不當規避或減少納稅義務，減損政府稅收，並破壞兩稅合一制度，爰參酌紐西蘭及新加坡立法例，規定稽徵機關為正確計算相關納稅義務人之應納稅額，得報經財政部核准後，依查得資料，按營利事業實際應獲配之股利、盈餘或可扣抵稅額，分別予以調整。」上述規定授予財政部權限，本於實質課稅原則，否定或變更納稅義務人藉由合法外觀的法律形式安排，並按其經濟實質進行所得調整。

最後，對於本案的稅捐規避行為是否得再處以漏稅罰，應就個案事實判定。因為稅捐逃漏行為的判斷重心，在於納稅義務人是否盡到誠實申報義務。亦即，納稅義務人在辦理所得稅結算申報時，對於股權買賣雙方的關係、股權買賣的時間點、股權承買公司的背景、交易收付款的資金流程等重要資訊，是否誠實揭露？納稅義務人如對上述重要事項有所隱匿，或為虛偽不實陳述，或提供不正確資料，致使稅捐稽徵機關短漏核定稅捐時，仍得依所得稅法第110條規定，另課予逃漏稅的漏稅罰。

下回再有人和你建議，可以透過股權移轉規避個人所得稅稅負時，請誠懇地告訴對方：「愛我，請不要害我！」

參考資料

最高行政法院108年度判字第434號判決、臺北高等行政法院104年度訴字第1493號判決。

3-3

為什麼你可以想怎樣就怎樣？——稅捐債務不可任意改變

我家雙寶很喜歡一本情緒教育繪本《為什麼不能想怎樣就怎樣》，經常會吵著要我唸給他們聽。

每當我對他們說：「這是最後一次喔，爸爸唸完，你們就要上床睡覺。」

但每次一唸完，還是會聽到兩人異口同聲地說：「我還要再聽一次！」書中教的內容完全拋在腦後。

3歲小孩可以說話不算話。但生意人在稅捐稽徵機關面前，可不容許你說變就變。

已經發生的事，它就已經發生了

多年前我曾經處理過一個稅務案件。A公司長年從事國際貿易，A公司的董事長老周以個人名義投資一間販售茶葉的B公司。B公司在申報100年度的營利事業所得稅時，曾列報300萬元的「佣金支出」。

B公司主張，A、B兩公司在98年間曾經締結一份勞務服務契約。雙方約定，由A公司幫忙B公司介紹客人，向B公司購買茶葉。也就是由A公司對B公司提供仲介勞務的服務，B公司支付A公司300萬元的佣金報酬。

但這300萬元的「佣金支出」，國稅局卻拒絕B公司認列。理由是，B公司無法提出A公司有仲介行為的具體事證，並說明該仲介行為的必要性。

B公司見狀，趕緊與A公司再締結一份協議書，內容載明「雙方約定取消原簽訂的勞務服務契約」。A公司隨即將已收取的300萬元退還給B公司。

但A公司剛才不是才聲稱，它有提供仲介勞務給B公司嗎？

確實。A公司既然主張它有提供仲介勞務給B公司，但因為雙方事後合意解約，A公司原本已經到手的300萬元，又再退還給B公司。結果就等同A公司有提供仲介勞務，卻沒有收到佣金款項。因此，A公司隨即在帳上認列300萬元的「其他損失」。

乍聽之下，這一切好像都很合理。但A公司帳上這300萬元的「其他損失」，最後還是被國稅局剔除。A公司的財務主管漢克透過朋友介紹，跑來找我諮詢，想聽聽我的意見。

我一看到那份雙方合意解約的協議書，心裡一震，腦袋裡瞬間浮現：麻煩了！

理由是，當A公司起先收到300萬元時，A公司的佣金收入就已經成立。政府對A公司的稅捐債權一旦發生，原則上就不可以再改變。因為A公司就該筆佣金收入之所以有繳稅義務，是依據法律規定而來，是法律創設A公司的繳稅義務，不容許當事人任意變更。

課稅的目的，是去掌握一件已經發生的經濟事件。已經發生的事，它就已經發生了，原則上無法再回到原本還沒發生前的狀態。否則，納稅義務人可能會基於稅捐規避的意圖，利用民事法上的契約自由，回溯調整已經成立的稅捐債務關係。

除非是在特殊情況下，確實有調整雙方契約關係的正當理由（例如雙方的契約已經遭撤銷或變更，而有溯及既往失效的情形），才會基於公平課稅的考量，例外讓納稅義務人已經成立的稅捐債務，嗣後有機會解消。

腳步越多，風險越高

本案中，A公司雖然一再聲稱，雙方合意解約的事由，是因為「A公司未連續3年介紹生意給B公司，讓B公司每年業績達5,000萬元」。也就是，A公司的表現沒有達到雙方預期的佣金給付標準，雙方才解除契約，並退還佣金。

但這麼重要的解約事由，不僅沒有寫在最初的勞務服務契約中，就連在雙方合意解約的協議書中也隻字未提。反倒是這份疑點重重的協議書，很容易被解讀為A、B兩公司間可能有「通謀虛偽意思表示」。如果實情確實如此，依照民法規定，這份合意解約的協議書恐怕無效。

此外，A、B兩公司間不僅沒有合意解約的約定事由，B公司也不具備任何民法上的法定解除權。簡單講，A公司根本就沒有將佣金返還給B公司的義務。A公司現在把300萬元的佣金退還給B公司，讓B公司既可享受仲介服務的利益，卻無須支付報酬，等同A公司無償免除B公司的債務。這麼一來，恐怕又涉及A公司對B公司有贈與行為，讓B公司面臨受贈所得未申報所得稅的稅務風險。

最後，我告訴漢克，這個案件最大的致命傷，是兩間公司用金流的角度去看待稅法的問題。兩間公司都誤以為，只要將收到的錢返還給對方，或將付出去的錢給要回來，就可以免除已經成立的稅捐債務。

漢克聽完我的分析後，很客氣地向我道謝，隨即轉身離開。這也是我們唯一的一次見面。幾年後，我無意間在一則最高行政法院的判決中，看到了A公司的敗訴判決。

從稅法的角度來看，企業的每一個交易行為，不論有無獲利，都有可能涉及稅務風險。你可以說，腳步越多，風險越高。

特別是，當你先做了一個虛假行為，你就會有動機，想再透過另一個虛假行為去掩飾前面的虛假。但做的越多，錯的也就越多。

從稅務管理的角度來看，企業經營恐怕不是你想怎樣，就可以怎樣。

我面對雙寶好像也是如此。不是我想怎樣，就可以怎樣。

精準節稅

人民應繳稅給政府，所以人民是債務人，政府是債權人。這種債務關係，是因法律規定而自動發生。既然是法律規定，已經發生的稅捐債務，原則上不可變更。也可以說，政府的稅捐債權既然已經依法成立，原則上不會因為當事人事後的安排而改變或消滅。換言之，當事人不得藉由民事上約定，進而影響其在公法上已經成立的稅捐債務。

因此，在股權買賣，雙方當事人已經移轉股權完畢，事後如經稅捐稽徵機關認定，當事人間有「以顯著不相當代價讓與財產」，應補徵贈與稅時（➔遺產及贈與稅法第5條第2款），當事人即不得再合意解除讓與契約，進而免除出賣人應負贈與稅的繳納責任。

然而，稅捐債務不可變更的原則也並非鐵板一塊。在例外情形，稅捐債務還是可能因其據以發生的民事契約無效而自始不存在，或因其事後經解除、撤銷、解除條件成就，導致稅捐客體不存在而消滅，例如：在買受人事後銷貨退回或折讓時，營業稅法上即允許營業人可以就其退還買受人的營業稅額，於發生銷貨退回或折讓的當期營業稅額中扣減，使得原已發生的稅捐客體事後不存在而消滅（➔加值型及非加值型營業稅法第15條第2項）。

此外，稅捐債務也可能因為符合減免事由，事後消滅或縮減，例如：重購自用住宅，在土地部分，可退還土地增值稅（➔土地稅法第35條）；在房屋部分，也有扣抵或退還綜合所得稅額的優惠（➔所得稅法第17條之2）。

但上述例外事由都必須是真實存在，而非當事人間的通謀虛偽意思表示。本案A公司之所以無法說服法官，關鍵即在於此。

因為A公司始終沒有合理說明的是：A、B兩公司間究竟有何民事爭議存在，以致於雙方有解除契約，並退還勞務報酬的必要性（這關係到A公司的損失原因與其營業活動間有無關連性）？

其次，A公司做為一個理性自利的生意人，為何在依約提供仲介勞務，並取得報酬後，還願意與B公司解除原來的契約，將原本已經到手的300萬元退還給B公司？或許有人認為，A公司之所以願意解除契約，且放棄300萬元的勞務報酬，是因為期待未來可以從B公司獲取潛在的經濟利益。但這個潛在的獲利機會，究竟為何？在本案中卻不甚明確。

從企業稅務管理的角度來看，本案顯然是一個不愉快的負面教材。

民事法上，原則允許當事人享有契約自由，但每個契約自由所產生的交易行為，都可能在稅法上有特殊評價。

企業經營，不是不可以說變就變。只是，不是每一次的變通都能保證邁向成功。踏穩腳步，往往比速度更為重要。

行動前，先諮詢專家的意見，會讓你的選擇更有底氣，也會讓你與稅務風險保持安全距離。

參考資料

最高行政法院106年度判字第188號判決、最高行政法院89年度判字第2913號判決。

第2部

省錢力

稅負計算公式：
（收入－費損）x 稅率－扣抵＝稅負

節省稅負四大關鍵：降低收入、增加費損、選低稅率、爭取抵免
（收入↓－費損↑）x 稅率↓－扣抵↑＝稅負↓

節稅力4

降低收入

降低收入不是要你少賺點，而是有些當作你有收入的坑，請別輕易踏入。

4-1

如期上演的劇本——假戲真做的收入

公司的資金就如同你的錢包，何時流出，何時流進，總得由錢包主人來決定。除非是和錢包主人關係密切的人才有可能隨時借取，隨時挪用。

但凡借錢都有代價，只要有代價，就有課稅的足跡。

你要的是買賣還是借貸？

多年前我來到中部一間營造公司（P公司），為該公司提供合約審議的法律服務。P公司的老闆李董是家族企業的第二代。40歲不到的他，已經是三間公司的負責人、四個孩子的爸爸。在他身上，你完全看不到提早接班的稚嫩。

在一陣寒暄問暖後，李董告訴我，P公司打算向他們的關係企業（Q公司）購買一塊土地。由於這塊土地的所在地，當地縣政府即將進行土地重劃。在地目變更後，土地增值的潛在利益極大，因而吸引李董的目光。但因為土地是否重劃仍屬未知，如果地目最終無法變更，這塊土地也就失去購買的吸引力。

因此，兩間公司決定在不動產買賣契約書中約定，由P公司先支付買賣價款（將近2億元）的九成給Q公司，等到這塊土地變更地目後，再辦理土地移轉登記。但為了防止Q公司違約，雙方同時約定，Q公司應將該筆土地設定第二順位抵押權給P公司，以確保P公司的債權。

在這份附條件的不動產買賣契約書中，兩間公司同時約定，倘若五年後該筆土地無法完成地目變更及過戶程序，Q公司將退還預收的價款給P公司，並解除這份買賣契約。

李董找我來的目的，是希望我能替他們把這份P公司內部撰擬的買賣契約書草稿，調整為正式的法律用語。但我左思右想，總覺得這份契約書中的交易模式很不尋常。

因為，生意人畢竟將本求利。公司的資金，原則上應該用在公司營利的目標上。當公司的資金既不是因為資源交換，也不是因為繳納稅款、罰鍰或支付損害賠償金等其他用途時，就很可能被認為是為他人謀取私利的目的，而將資金帶出公司以外。

特別是，資金的使用會產生利息。大筆資金的使用，就會產生巨額的利息優勢。但在上述不動產買賣契約書中，對於Q公司應否支付利息給P公司一事卻隻字未提。

倘若五年後，該筆土地不幸無法完成地目變更及過戶程序，Q公司依照合約規定，應將買賣價款退還給P公司，則此時，與P公司將大筆資金無息借款給Q公司使用五年，其實沒有本質上的差異。

我反覆思量後，趕緊告訴李董，契約用語的修正還算小事；這份合約存在的稅務風險才是真正的大事。當一間公司向他人融資，即便借款利率再低，原則上都會支付利息。對於收受利息的一方，就是一筆利息所得。只要有所得，原則上就該繳稅，國稅局自然不會輕易縱放。

事實上，在現行所得稅法中也確實規定，當公司把資金借給股東或任何他人而未收取利息，或約定的利息偏低時，法律上就會當作這間公司已經收取利息，並就這筆假定存在的利息收入對公司課稅。

兩岸猿聲啼不住

我的話才說到一半，只見李董已經一臉不耐，帶著急切的口吻對我說：「我們兩間公司是買賣土地，哪來的借款？」

「我知道，你們契約書上是約定買賣土地沒錯，但這塊土地現在都還沒有任何開發與規劃，你們就先訂立一份交易期間長達五年的買賣契約，這有違商業常情。未來一旦買賣不成立，就很容易被認為兩家關係企業間有無息借款。」

事實上，依照實務見解，只要公司將一筆資金移轉給他人，受資金移轉的他方在一段期間後又將該筆資金返還給公司，且這段期間被認為已經過長，不符合一般買賣關係下價款與物品應該在短期內完成交付的特性時，就會被認為「公司借錢給他人而未收利息」的要件已經成立。

當然，輕舟已過萬重山，這個時候說再多，也無法阻止兩家公司已經將交易定調為買賣關係的決心。

多年後，偶然間在報紙上看到一則不起眼的稅務新聞。仔細一瞧，竟然提到P公司與Q公司的名字。報導中指出，Q公司的土地因未完成地目變更，故依約將資金退還給P公司；而P公司也一如預期，被國稅局認定有利息收入未申報，因而被補稅200多萬元。

常聽人說：「人生的劇本早已寫好，只是不能偷看。」這句話是否為真，無法考證。

但中小企業可不同，哪些違章會走向補稅？哪些違章會面臨處罰？每一幕劇本，不僅在稅法中早已寫好，而且每位老闆都可以正大光明地事先翻閱。

只是，真正的困難不在於是否知道劇本，而在於要讓人相信，這一幕幕劇本是真的會如期上演！

精準節稅

稅法原則上尊重企業在私法上的交易安排。因此，當企業透過私法上安排產生經濟活動的成果時，稅法即以此經濟活動的成果做為課徵對象；但如果企業只是利用私法所呈現的外觀，以規避其實質上應繳納的稅負時，此時稅法就會從經濟實質的角度予以調整。

白話地講，你待我一片真心，我敬你一世夫君。倘若有天，我發現你兒戲，我會掀開你的本來面目。因此，有無符合經濟實質的經濟成果，才是真正的關鍵。

所得稅法第24條之3因而規定，公司的資金如果借給股東或任何他人而未收取利息，或約定的利息偏低，除了屬於預支薪水的情況外，應按資金出借期間所屬年度1月1日臺灣銀行的基準利率，計算公司利息收入課稅。

該條規定的適用關鍵，不在於納稅義務人能否證明買賣為真正，也不在於稅捐稽徵機關能否證明借貸為真正，而在於該等以買賣為名的法律關係，是否具備買賣的經濟實質內涵？

在本案中，由於P公司預付的土地款高達土地買賣總價的九成，且Q公司的土地始終未過戶給P公司。此外，兩間公司長達五年的交易期間，最終買賣不成，又未收取任何利息。這些以買賣包裝的法律關係，在一般社會觀念下，恐怕缺乏買賣的經濟實質，實在很難不讓稅捐稽徵機關認為兩公司間有資金借貸的經濟實質。

附帶一提，所得稅法第24條之3同樣也規定，公司的股東、董事、監察人如有代收公司款項，卻不於相當期間照繳給公司，或挪用公司款項時，除非公司有遭侵占、背信或詐欺，且已依法提起訴訟或經檢察官提起公訴，否則均應按該等期間所屬年度1月1日臺灣銀行的基準利率，計算公司利息收入課稅。

簡單講，沒有正當理由就拿公司的錢是要付出代價，而且要付出「合理」的代價。

參考資料

最高行政法院109年度上字第920號判決、最高行政法院 97年度判字第847號判決。

4-2

不一樣，就是不一樣——便宜賣的收入如何認列？

稅法中經常針對許多相類似概念，卻採取不同的課稅模式。然而，這究竟是立法者的精心設計，或是立法者的無心疏漏，經常難以一概而論。必須仔細探究，稅法上的差別待遇是否有正當理由。這裡就需要一些法律的解釋與分析過程，而這也是公司財會人員容易忽略的一環。

「便宜賣」與「少量賣」

T公司是南部一間紡織廠，公司的財務主管珍妮曾經參加我的公開班課程。她滿頭白髮，卻是課堂上最認真的一位。珍妮在課程結束後，經常來信詢問我稅務問題，我們也逐漸熟識。

有一回她面有難色地跑來臺北找我，原因是T公司105年度的營利事業所得稅被核定補稅200多萬元。而公司之所以被補稅，和珍妮個人對公司帳務的處理方式有關。

「妳先別慌張，告訴我來龍去脈，或許情況沒那麼嚴重。」我請珍妮先撫平焦慮的情緒。

原來是T公司平時銷貨給下游廠商，為了早日收到貨款，避免資金積壓加重利息負擔，同時為減少壞帳發生的風險，通常會給提早付款的廠商一些「利息折扣」。

此外，由於布料市場的價格變化迅速，締約當時開立的發票單價可能與實際結帳時的市價有所出入。為了緩和締約當時難以考量的市價波動因素，且顧及運送中可能發生商品毀損等品質瑕疵問題，T公司也經常事後與下游廠商協議，由貨款中減除未實際收現的銷貨價格，亦即對銷貨價格「讓價」，以順利完成交易。

不論是「利息折扣」或「讓價」，這些「便宜賣」的交易類型，稅法上統稱「銷貨折讓」。另一種與「便宜賣」相類似，但內含卻完全不同的交易類型則是「買方退貨」。「買方退貨」會迫使賣方在銷貨數量上做調整，也就是「少量賣」，稅法上則稱「銷貨退回」。

不論是「銷貨折讓」或「銷貨退回」，這些在損益表上做為銷貨收入的減項，不僅是普遍存在的行業慣例，也是稅法上容許的交易類型。只是當公司在辦理這些「便宜賣」或「少量賣」的特殊類型時，必須符合稅法所設定的條件，才能合法降低公司的銷貨收入，進而少繳稅款。

至於稅法中規定了哪些條件？首先，當公司要辦理「銷貨退回」時，公司除了自行在帳簿記錄上沖轉外，還必須取得買方開立的「銷貨退回證明單」，或以買方提供的「其他證據」，以證明「銷貨退回」的事實（營利事業所得稅查核準則第19條）。

然而，當公司辦理「銷貨折讓」時，公司依現行規定，就只能在其開立的統一發票上註明，或取得買方開立的「銷貨折讓證明單」，才能夠完成「銷貨折讓」的法定要件，而不得以「其他證據」來證明「銷貨折讓」的事實（營利事業所得稅查核準則第20條）。

回到T公司的個案。珍妮認為，她當時依T公司的行業默契計算的「利息折扣」，以及依T公司的行業慣例計算「差價」的「讓價」，是發生在105年度，因此依會計學上的「權責發生制」（亦即收益在確定應收時，費用在確定應付時，就應該即時入帳），在105年期末時，即以自行製作的「銷貨折讓計算明細表」，在T公司帳上採預估方式入帳。而前述法規提到，由買方開立的「銷貨折讓證明單」，T公司則是等到106年初才取得。

但國稅局認為，現行法規既然已明確規定，賣方必須取得買方開立的「銷貨折讓證明單」才能完成「銷貨折讓」的法定要件，T公司就不能拿自行製作的「銷貨折讓計算明細表」這種「其他證據」，來證明「銷貨折讓」的事實。T公司既然要等到106年初才取得買方開立的「銷貨折讓證明單」，T公司的「銷貨折讓」就只能認列在106年度，而不得認列在105年度。

立法者的「刻意安排」

「但法規只允許公司拿『銷貨退回證明單』以外的『其他證據』，來證明『銷貨退回』的事實；卻不允許公司拿『銷貨折讓證明單』以外的『其他證據』，來證明『銷貨折讓』的事實，這明顯不公平。」珍妮很不服氣地看著我，但臉上卻顯得無能為力。

「不一樣，這兩個完全不一樣。」我認真地看著珍妮，一字一頓地對她說。

因為依據現行司法實務的觀點，「銷貨退回」等同沒有交易，對於賣方的影響遠大於「銷貨折讓」；又「銷貨退回」的原因很多，賣方較不易掌控；但由於此時貨物會實際退回賣方處，稅捐稽徵機關反而較容易查核勾稽。

相反地，「銷貨折讓」主要是賣方對於價款的讓步，賣方雖然較容易掌控，但稅捐稽徵機關的查核勾稽卻較為困難。

這兩者，無論是賣方掌控度或是稅捐稽徵機關的查核難易度都有差異，法規上自然會採取差別待遇。

此外，不論是拿「銷貨退回證明單」以外的「其他證據」，或是拿「銷貨折讓證明單」以外的「其他證據」，這個「其他證據」依照現行規定，都還是得由「買方」開立的「外部證據」才有可信度，而無法只憑T公司提供的「內部證據」當作認定「銷貨折讓」發生的依據。

只能說珍妮太大意，只是憑著對財務會計的直覺，就認為「銷貨退回」與「銷貨折讓」在稅法上應該相同處理，卻忽略了法規上對二者採取差別待遇，也可能是深思熟慮後的刻意安排。

珍妮久久不發一語。10分鐘後，她似乎跨過了心坎。原本緊繃的臉部肌肉也逐漸放鬆。

「好吧！這回我也不是完全沒收穫，至少我學到一個教訓。」

「什麼教訓？」我好奇地詢問珍妮。

「企業繳稅是因為有獲利，所以稅法原則上依循財務會計的判斷。但如果稅法和財務會計長得不一樣時，就一定要記得鳳飛飛的那首歌。」

「哪一首？」我疑惑地看著珍妮。

「就是不一樣！」

這回，換我不發一語。

因為我不敢承認，我也會哼唱這首歌。

精準節稅

財務會計的目的，在於正確且充分表達公司的財務狀況與經營成果，必須依據一般公認會計原則處理；而稅法的目的，則在於滿足國家財政、社會分配與經濟發展等政策目標。因此，兩者的處理方式本不相同。

稅法固然以財務所得為基礎，原則上依循財務會計的判斷，但基於課稅公平與稽徵經濟的考量，兩者還是有分道揚鑣的時候。

雖然稅法的規定未必全都合理，有時仍有進一步檢討的空間。但站在為公司控管稅務風險的立場來看，稅務申報應依循現行稅法規定仍是原則；除非有堅強有力的實務或學說見解支持，否則直接以個人對財務會計的理解來詮釋現行規定，或甚至挑戰稅法，恐怕過於冒險。

本案另一個爭議點，則涉及會計學上的「權責發生制」該如何解釋。在「權責發生制」的適用下，收益在「確定」應收時，就應該入帳。

但不論是「利息折扣」或「讓價」，都還是取決於交易成立後，買賣雙方協商的「提早付款日期」與「減價付款金額」這兩個條件是否成立，也才能夠確定「銷貨折讓」是否發生，以及折讓金額究竟為何。

而這兩者在本案中，卻是要等到106年結帳時才能夠確定，無法在105年度就立即認列。這也是財會人員在適用「權責發生制」時應該謹慎留意的地方。

參考資料

最高行政法院105年度判字第27號判決、臺中高等行政法院104年度訴字第33號判決。

4-3

何時賣股票，差別可大了——股權轉讓的最佳時點

企業在經營過程中，經常會透過併購方式調整組織架構。當股東在決定是否出脫手中持股退場時，首先會考慮，這筆交易是否獲利？其次則是，這筆交易是否要繳稅？以及繳多少稅？

一筆交易是否獲利？關鍵在於，買方的開價是否高於賣方的期待；至於股東出售手中的股票是否要繳稅？以及繳多少稅？照理講，不論股東選擇何時出場，答案應該都一樣。但目前的稅制設計卻非如此。

退社分配款也要繳稅？

我曾經遇過一個案例。多年前，北部一間A信用合作社因為被B銀行合併，A信合社消滅時的全部資產，按社員入社時的持份比例，分配給全體社員。A信合社的社員老張在退社時分配到的款項將近4,000萬元。

依照財政部早年的解釋函令，這筆退社分配款的性質屬於社員的「營利所得」，就像是股東從公司獲配股利所得一樣。依照當

時規定，個人的股利所得是要計入個人的綜合所得總額，適用累進稅率，以計算應納稅額。而老張獲配款項當年，個人綜合所得稅的最高邊際稅率還高達45%。老張因而被補稅1,000多萬元。

年過七旬的老張第一次看到稅單上的數字時，嚇得兩腿發軟，趕緊跑來找我。他想知道，這個案件到底還有沒有得救？如果可以，他希望我幫他爭取應有的權益。

對老張而言，這個案件最不公平的地方在於：

首先，如果老張當時反對這筆併購交易，他可以請求A信合社依照當時的「公平價格」，收購其持有信合社的股份。由於股份的收購屬於「有價證券」的買賣，出售股份的老張如獲取「證券交易所得」，依法無須繳納「所得稅」。老張只需要就每次交易的成交價格，繳納3‰的「證券交易稅」。

但由於老張贊成這筆併購交易，依照財政部的解釋函令，社員領取的股金溢額款屬於「股利所得」的性質。適用累進稅率的結果，老張反而要繳納高額的稅負。

此外，依據現行所得稅法規定，對於某些具有「多年累積、一次實現」性質的所得（例如：自力經營林業的所得、受僱從事遠洋漁業於每次出海後一次分配的報酬，或一次給付的撫恤金或死亡補償），法律上允許納稅義務人只以其中「半數」做為當年度所得，其餘「半數」免稅。

同樣地，由於信合社的盈餘分配在法制上受到許多限制，導致信合社的盈餘分配可能性遠較一般公司來得低；且和公司的股票相較，信合社的股權，流動性也較為不足。因此，當信合社被合併時，社員領取的股金溢額款也同樣具有「多年累積、一次實現」的特性，似乎可以考慮比照所得稅法的相關規定，僅就半數所得課稅，其餘半數所得免稅。然而現行稽徵實務卻礙於法無明文，故不允許社員就股金溢額款適用半數所得免稅規定。

老張決定咬緊牙關，走上行政救濟的「天堂路」。

讓人只好從心所欲的法院見解

只可惜，這個案件歷經多年努力，法院依舊維持財政部的見解，認為老張領取的股金溢額款屬於應該繳稅的「股利所得」。

法院首先認為，倘若老張當時反對這筆併購交易，他雖然可以請求A信合社依據當時的「公平價格」收購其持有的股份。但由於A信合社與老張很可能就「公平價格」的決定仍存有爭議，雙方可能需要經過長期協商，甚或歷經民事訴訟程序才能定案。由於此時A信合社還在營運中，其因買回股權所負擔的價金債務，可能使得信合社的組織規模因而縮小，進而導致併購價格必須微調，故老張最後未必可以獲得高於「因併購所獲分配款」的價金。

此外，法院認為，本案之所以會造成所得「多年累積、一次實現」的問題，最主要的原因，還是在於老張當初選擇投資信合社（而非投資一般公司），這是出於老張的自我選擇。至於立法政策上，是否應將本案比照所得稅法中有關「半數所得課稅」的規定辦理，還是應該交由立法院，以制定法律的方式來決定，而非逕由行政法院透過判決，任意擴張法律所無的規定。

這個案件從復查、訴願，以及兩個審級的行政訴訟，歷經兩年之久。

收到判決書當天，我特地帶著判決書前往老張家，和他詳盡說明本案法官的法律見解。

這一路上，我看著他從原本期待，到最終失落的神情，內心滿是抱歉。

老張很仔細聆聽我講解的每一段法律見解。他清楚知道，從法理上來看，法院其實也沒把話說死。因為從課稅公平的角度來看，本案確實還有進一步檢討的空間。

「我都已經這把年紀，從心所欲了。要再期待立法院修法，下輩子吧！」老張笑著對我說。

我看著他的嘴角逐漸上揚，我原本糾結的心情也慢慢鬆開。

但我知道，在老張心底，其實還沒有真正從心所欲。

只是，目前的稅制設計就是如此。

精準節稅

企業為發揮經營效率，經常透過併購措施進行組織調整。在研議各種併購策略時，股東（特別是大股東）的稅負多寡，經常是併購規劃的重要考量因素。

實務上，除了信合社被整併時會有社員領取退社分配款的稅務問題外；當一間公司被併購時，也同樣會有原股東在公司合併消滅時，該如何繳稅的問題。

依據財政部93年頒布的解釋函令，公司將合併對價超過全體股東出資額的部分（合併溢價）以現金實現，並分配給股東。股東取得的現金，應視為股利所得（投資收益），並課徵綜合所得稅。早年綜所稅的累進稅率，最高邊際稅率甚至高達45%。

107年以後，個人股東獲配溢價分配款的股利所得，已經可以在「合併申報」（適用累進稅率，同時給予股利金額的8.5%做為可抵減稅額，每一申報戶每年抵減金額以8萬元為限）與「分開計稅」(股利金額按28%的稅率，分開計算應納稅額)兩種方法當中選擇其一。

對高股利所得者而言，雖然可以選擇對其較為有利的「分開計稅」(適用28%的稅率)，因而大幅減輕稅負；但與併購前就先出售持股相比，後者僅須按成交價格繳納3‰的「證券交易稅」，而無須就股票買賣的利得繳納「證券交易所得稅」。因此，股東在公司併購前就先出售持股還是較為有利。

由於現行稅制上的差別待遇，企業在擬定併購策略時，先以公開收購方式購買股東的手中持股，再以合併方式消滅公司，自然就成為併購規劃時的常見選項。因為「先購後併」不僅可以減輕股東稅負，同時可以加速併購程序進行，減少新舊團隊過渡階段的磨合期。

相反地，倘若在併購程序中，股東沒有機會出售手中持股，而只能選擇獲配公司溢價分配款時，也應該仔細檢視溢價分配款的計算是否合理。特別是，由於出資額通常包含股本與資本公積兩部分，當股東非原始投資人，而是在市場上購買股票持有股份時，此時該股票的實際取得成本可能高於出資額，股東實際上獲配的股利所得可能較低。為此，股東必須就當初的實際取得成本，檢附證明文件供稅捐稽徵機關審核，才能為自己爭取有利的稅捐負擔。

參考資料

最高行政法院107年度判字第166號判決、臺北高等行政法院110年度訴字第891號判決、財政部93年9月21日台財稅字第09304538300號函。

節稅力5

增加費損

不是所有的金子都會發光，也不是所有的費用與損失都可以認列。
在所有的節稅方案中，認列費用與損失是最快速的方法，卻也是最容易失足的地方。

5-1

錢你A走，稅由我繳——公司的損失如何認列？

賺錢繳稅，虧錢免稅，本是天經地義。但不是每一筆虧損都可以讓公司少繳點稅。什麼樣的虧損可以幫公司省錢，是每一位企業經營者都必須知道的稅務常識。

這筆損失和公司業務有關嗎？

多年前我曾經遇過這樣一個案件。中部某間上市公司（A公司），因前董事長兼總經理（吳董）沒有經過董事會決議，連續藉由虛偽登載「預付料款」等會計科目的方式，挪用公司資金轉入吳董指定的金融機構帳戶，做為吳董個人買賣股票與清償私人欠款之用。

但紙包不住火，違法行為終究藏不住。吳董侵占公司款項的行為最終還是被發現。A公司念在吳董多年來的貢獻，決定以折扣後的債權20億元與吳董締結和解契約，希望這件難堪的家醜就此平息。

但在約定償還期限屆滿後，吳董依舊沒有償還欠款，同時遭法院宣告破產。此時，A公司已經確定無法再對破產的吳董要回任何一毛錢，因此在隔年度的營利事業所得稅結算申報時，決定列報「其他損失」20億元，打算減少公司的「應稅所得」及「應納稅額」。但這筆金額龐大的損失卻遭國稅局否准認列，同時要求A公司補稅。

A公司的財務主管老沈與我算是舊識，他跑來詢問我：接下來該怎麼辦？

我心裡知道，這不是一個容易回答的問題。

在A公司的財務報表上確實有這筆鉅額的損失。但財務報表依循的是財務會計。財務會計的目的，在於充分表達企業的財務狀況、經營成果及現金流量，以提供充足資訊，給股東及債權人使用，做為他們長期決策時的參考依據。

至於公司該如何繳稅，原則上也依循財務會計帳上的記錄。因此，所得稅法第24條才會規定，營利事業所得的計算應該以其本年度收入總額，減除各項成本費用、「損失」及稅捐後的「純益額」為所得額。

但營利事業所得稅的課徵還有資訊提供以外的其他目的，也就是要正確掌握企業在各年度的經濟上給付能力，進而判斷企業在各年度的稅捐負擔能力。為了達成上述目的，稅法在必要時，會就財務會計的適用結果予以調整，以避免企業認列損失過於浮濫。特別是對於某些不具備「真實性」、「必要性」及「合理性」的損失，稅捐稽徵機關依法有權剔除。

在本案中，由於A公司的鉅額資金確實遭吳董挪用，因此損失存在的「真實性」無可置疑。

但A公司在財務報表上認列該筆損失，可否想當然地在所得稅的計算上，也同樣自收入總額中予以減除？這就得看這筆損失在A公司經營本業或附屬業務的過程中，是否具有「必要性」及「合理性」而定。也就是說，A公司的損失必須和A公司經營本業或附屬業務具有因果關係。

例如：公司在產製過程中的產品遭竊取或遭詐騙，或是公司收回的資金遭員工侵占所導致的損失。由於公司在循環性的經營活動中可能產生這些損失，與公司的本業或附屬業務息息相關。因此，這些損失即可從課稅收入中扣除。

回到A公司的個案，由於損失實際上是吳董非法挪用公司資金所導致，並非在循環性的經營活動中所產生。因此，A公司恐怕很難主張該筆損失是經營本業或附屬業務過程中的合理損失，因而無法從課稅收入中扣除。

A公司歷經多年的官司，最後依舊敗下陣來。法院正是採取上述看法。

千金難買早知道

但事實上，A公司的困境也不是完全沒有解套方法。因為依據現行規定，A公司如果將其與吳董就該損失的和解，在財務報表上認列為「應收款」。之後經評估無法收回該筆款項時，再將無法收回的金額，認列為資產減項科目做「備抵呆帳」。當「應收款淨額」(即「應收款」扣除「備抵呆帳」)事後發生實際難以回收的事實時，再將「應收款淨額」提列為「呆帳損失」，就可以達到與認列損失相同的效果。

可惜的是，A公司在與吳董締結和解契約後，沒有就該損失的和解認列為「應收款」，也就沒有後續「備抵呆帳」與「呆帳損失」提列的可能。

多年後我再次遇到老沈，他早已離開A公司。老沈苦笑地對著我說：「當年A公司實在很衰，錢被老闆A走，還得自掏腰包繳稅。」

我笑而未答，但心裡想的是：千金難買早知道！

如果時光倒轉，A公司真的願意平常多花點小錢，聘請專業的稅務顧問，來避免一場20億的稅務風險嗎？

精準節稅

財務報表為彰顯企業真實的財務狀況、經營成果及現金流量，只要是企業實際支出的成本、費用或損失，即應予以認列，而不論該成本、費用或損失是否必要與合理；但稅法要掌握的，卻是企業實際的納稅能力，非必要且合理的成本、費用或損失，即應予以剔除。

所得稅法第38條因而規定:「經營本業及附屬業務以外之損失，或家庭之費用，及各種稅法所規定之滯報金、怠報金、滯納金等及各種罰鍰，不得列為費用或損失。」換言之，營利事業經營本業或附屬業務支出的各項成本、費用或損失，除了必須「真實」外，還必須客觀上「必要」且「合理」，才可以認列。

此外，依據實務見解，損失的發生必須是直接或間接與獲取收入的經營事業活動有關，始准認列。例如：產製過程中的產品遭竊、遭詐騙（➔營利事業所得稅查核準則第103條第2項第4款、財政部60年6月30日台財稅第34948號函）、公司收回的資金遭員工侵占（➔最高行政法院96年度判字第928號判決、財政部69年2月25日台財稅第31608號函）。換言之，必須是營利事業具循環性的經營活動中所產生的損失，才符合支出認列的「合理性」。

相較之下，本案A公司的損失，是前任董事長未經董事會決議，連續經由虛偽帳載等方式挪用資金所導致，並非因A公司具循環性的營業活動所產生，故難認為其屬A公司經營本業或附屬業務過程中的合理損失，因而無法從課稅收入中扣除。

倒楣的公司，錢被老闆A走都還要繳稅！

參考資料

最高行政法院 108 年度上字第 1130 號判決、最高行政法院105年度判字第137號判決、最高行政法院96年度判字第928號判決。

5-2

我賺錢你要我繳稅，我虧錢你卻裝沒看見——盈虧互抵

企業在年度結算時，有獲利，要繳稅；有虧損，雖然不用繳稅，但如果沒有妥善規劃，這些虧損就會白白浪費。然而，究竟該如何規劃，才能讓過去的汗水不會白流？值得進一步探究。

虧錢年度更要好好規劃

我有時會來到公部門授課，偶爾有機會，可以聽稅務人員聊聊他們工作上的甘苦談。有一回，一位熟識的稅務人員萊恩和我大吐苦水，他無奈地對我說：「現在的法院和以前不一樣，經常撤銷國稅局的稅單與罰單。」

當下我心裡想的是：「法院撤銷違法的處分也未必是壞事。」因為見善則遷，有過則改，依法行政本來就是行政機關的職責。但我還是安靜地聽他分享，他最近遇到的一個真實案例。

故事的主角是一間提供移工服務的人力公司（A公司）。A公司在申報100年度的營利事業所得稅時，原本列報營業收入6,000萬元，全年所得額1,500萬元，過去年度的虧損扣除額為300萬元。

但國稅局後來發現，在A公司原先申報的6,000萬元中，有200萬元實際上是因A公司銷售勞務給B公司而來；但A公司卻列報為銷售勞務給C公司，並開立營業稅的銷項統一發票給C公司。國稅局因而認定，A公司漏報其銷售勞務給B公司的營業收入200萬元。國稅局除了對A公司補徵其漏報的所得稅稅額，一併裁處罰鍰外，同時也不准A公司認列過去年度的虧損扣除額300萬元。

國稅局的做法真的合理嗎？

一般認為，課稅是政府分享企業的經營成果。因此，當企業為了賺取一筆收入所支出的必要成本、費用或損失，由於已經不在企業的可支配範圍，與該成本、費用或損失相當的收入，就不應該成為政府課稅的標的。換句話說，在所得稅的課徵上，原本應該以扣除必要成本、費用或損失後的收入（即企業的「所得淨額」）為課稅基礎。

但問題在於：應該以多久期間內的「所得淨額」為課稅基礎，才算是一個公平且合理的稅制？這個問題確實不容易回答。

企業經營，有賺有賠。企業的短期獲利，在長期虧損的眼中可能只是一段微不足道的獲利。因此，理想上似乎應該以一段較長的期間來衡量企業的經營成果，較能符合課稅的公平性。

然而，各國在所得稅的制度設計上，卻往往基於國家財政的經常性需要，將企業在「各別年度」獲取的所得各別評價，各別課稅。至於當損失與收入無法在同一個課稅年度內扣抵完畢，亦即還有尚未扣抵完畢的損失時，此時剩餘的損失得否跨年度扣抵？各國的做法不盡相同。

依據我國所得稅法第39條規定，一間公司必須符合以下三個條件，才能夠將過去10個年度內經國稅局核定的虧損，自本年度的純益額中扣除：

首先，公司的會計帳冊簿據必須完備。這裡的「完備」，也不是要求公司的會計帳冊簿據必須100%正確，否則就是強人所難。依據財政部的見解，只要「短漏所得稅稅額不超過新台幣20萬元」，或「短漏報課稅所得額占全年所得額的比例不超過10%」，依舊符合會計帳冊簿據「完備」的條件。

其次，公司在虧損及申報扣除年度都必須使用「藍色申報書」（專為獎勵誠實申報之營利事業所設置的申報書）或「經會計師查核簽證」。換言之，公司在過去虧損年度如果沒有妥善規劃，例如使用藍色申報書或經會計師查核簽證，事後也就無法再適用盈虧互抵。

此外，公司在虧損及申報扣除年度都必須如期申報。凡是有逾期未申報的紀錄，即便只有晚一天申報，也可能讓盈虧互抵的機會白白流失。

沒有漏稅結果，何來處罰？

在本案中，法院對於上述盈虧互抵的嚴格條件並未加以質疑。法院真正在意的是，如果A公司確實有200萬元的營業收入，只是這筆收入實際上是來自B公司，而非來自C公司。這樣的瑕疵，是否嚴重到足以影響稽徵作業，甚至可以排除納稅義務人適用盈虧互抵的機會？

此外，即便A公司申報收入來源的主體有不實，但這畢竟不會造成A公司有逃漏所得稅的結果。國稅局如果要藉此對A公司處以漏稅罰，這個名為漏稅罰的處罰，恐怕缺乏處罰的正當性。

事實上，收入來源的主體不同，真正會影響的是「營業稅」

開立發票的「對象」產生錯誤，而不會影響「所得稅」的營業收入「金額」。A公司該收的錢既然沒有短少，就沒有漏稅的問題，國務局也就不應該以A公司形式上申報不實為由，對A公司處以漏稅罰。

聽完萊恩的案例分享後，我告訴萊恩：「法院這回撤銷國稅局的處分，其實負有濃厚的教育意味。」

法院似乎想藉此傳達出弦外之音。

「財稅機關固然有權力，將抽象的法規具體化，並透過解釋函令予以落實。但這個權力再怎麼大，都不得超出稅法的核心原則。」

「是什麼核心原則？」萊恩好奇地看著我。

這個核心原則就是，課稅金額的計算應該盡可能反映企業「真實的經營成果」；漏稅罰的認定應該以發生「漏稅結果」為先決條件。

如果從上帝視角來看，這個案件誰輸誰贏，其實一點也不重要。重要的是，我們的稅法制度，可否因為一些符合課稅之事物本質的判決指引，一步一步地往正確的方向前進。

我不知道我們這一代是否還來得及？但我確信，我們的下一代一定可以品嚐到真正公平課稅的甜美果實。

我話都還沒講完，只見萊恩靦腆地笑著說：「我們會努力，這一代也來得及，一定一定！」

精準節稅

常聽人說，人一生的功過，要到死後才能蓋棺論定。同理，課稅既然是政府分享企業的經營成果，一間企業是否賺錢，一年一年的單獨觀察，有時未必客觀。特別是對於某些新創事業，或以研發為導向的企業而言，在他們生命週期的前階段，可能都在燒錢。但反過來講，如果將企業永續經營的觀點無限上綱，因而認為不到企業營運期滿時不得對其課稅，這樣的解釋恐怕也有問題。

因此，大部分的國家原則上仍以一個年度為週期，來衡量企業負擔稅捐的能力。但仍允許企業在符合「特定條件」時，可以例外適用盈虧互抵。在我國所得稅第39條規定中，同樣也允許凡是符合下列條件的營利事業，都可以適用「盈虧互抵」：

首先，必須是「公司」型態的營利事業，而不能是獨資或合夥；

其次，公司的會計帳冊簿據必須完備；

再者，公司在虧損及申報扣除年度，必須使用「藍色申報書」（指依規定設帳、記帳、保存憑證，並誠實自動調整其結算申報所得額的營利事業，始可申請使用的結算申報書），或經「會計師查核簽證」；

此外，公司必須「如期申報」。

只要符合這四項條件，公司就可以將過去10年內經國稅局核定的各期虧損，自本年度的純益額中扣除。只有在扣除後還有盈餘時，公司才需要繳稅。

但事實上，國稅局在審核一般公司是否可以適用盈虧互抵時，還不只是考慮所得稅法這四項條件。例如：依照財政部的解釋函令，只要當事人不涉及「以詐術或其他不正當方法逃漏稅捐」，且「短漏的所得額不超過10萬元，或短漏的所得額占可供以後年度扣除的虧損金額的比例不超過5%」或「短漏的所得稅額不超過20萬元，或短漏報課稅所得額占全年所得額的比例不超過10%，且在未經檢舉、調查前已自動補報者」，依舊可以適用盈虧互抵。

換言之，依據財政部的見解，公司縱使未如期繳納稅款，也並非當然就不得適用「盈虧互抵」。還是得看公司短漏的所得額占可供以後年度扣除的虧損金額，或占全年所得額的比例而定。

如何讓公司過去的虧損不會白白犧牲？在虧錢年度，就必須隨時注意「盈虧互抵」的適用條件，才能夠在賺錢年度，讓過去的目屎不會白流。

參考資料

最高行政法院109年度判字第335號判決、最高行政法院 109年度上字第632號判決。

5-3

1加1未必大於2——企業組織架構調整的費用認列

企業併購是常見的商業行為。企業之所以走向併購之路原因很多，可能是為了整合技術，也可能是因為公司已經進入成熟期，需要透過併購去打開市場，創造經濟規模。現行法制對於企業併購給予許多稅捐減免的誘因。但看得到的，未必吃得到。

早被盯上的錯誤規劃

多年前的一次研討會後，一名西裝筆挺的中年男士羅傑前來和我交換名片。他是國內一間知名電子公司的集團財務主管，想和我詢問他們集團最近因為併購案遇到的稅務問題。當時我正趕著要前往下一堂課，但又不好意思回絕他的詢問，只好委婉地告訴他：「沒問題，我邊收拾，你邊講。」

他告訴我，他們集團中有一間A公司，日前基於組織調整的規劃，由公司管理階層（同時也是大股東）與海外私募基金，經由境外資產管理公司共同投資成立一間位於國內的B公司。由B公司在公開市場，陸續以現金收購A公司原管理階層及其他散戶持有的全部股權，再由B公司吸收合併A公司（B公司為存續公司），同時自A公司取得資訊軟體系統的開發技術與商標品牌。

B公司原本打算將「併購溢價」（即「收購成本」超過其所取得A公司「可辨認淨資產公平價值」的部分。例如：花120元購買一個市價100元的商品，多花的20元即為併購溢價）列為商譽，連同其他因併購取得A公司的商標權、開發技術、顧客關係等無形資產，在申報營利事業所得稅時，攤提為營業費用，進而少繳稅款，卻遭國稅局剔除。

「等一等，你的案例怎麼這麼熟悉。」我放下手邊的資料，疑惑地看著羅傑。

「我猜，國稅局是不是認為，B公司成立的目的就是為了收購A公司的股份。B公司原本並無實質營運活動。併購前的A公司與併購後的B公司，其主要營業項目相同，原經營管理團隊及營運方式均繼續維持。」我繼續說著。

「至於股權結構，也只是由原本管理階層與散戶直接持有A公司的股份，調整為原管理階層與海外私募基金間接持有B公司的股份。B公司只是形式上收購A公司的股份，再加以吸收合併，A公司實質上並未消滅。其內部產生的商譽，非屬企業所能控制的可辨認資產，且其成本無法可靠衡量，故不得認列為資產。」

「你怎麼都知道！」羅傑驚訝地看著我。

「因為這種規劃方式早就被國稅局與法院盯上，最高行政法院還為此開過庭長法官聯席會議，並做成決議，供下級審法院參考。」

你玩的不是企業併購

「但所得稅法與企業併購法中明明就規定，商譽、商標權等無形資產，確實可以依照不同年限攤提成本啊！」只見羅傑一個人喃喃自語起來。

「對，所得稅法與企業併購法中確實規定，上述無形資產可以攤提成本，但攤提的前提還是要有交易的經濟實質，而不只是空有交易的形式外觀。」我看著羅傑，繼續解釋著。

企業併購之所以產生「溢價」，是因為此等交易使得買方產生「1加1大於2」的預期「綜效」。而能夠產生綜效的併購行為，最起碼是買方本身已經擁有「具備產銷能力」的組織結構。只有當一間公司已經具備最基本的產銷能力時，才可能因組織重組或擴張帶來預期「綜效」，以及與之匹配的「溢價」。

如果徒有企業併購的表象，形式上雖然符合企業併購法的「收購」行為，但實質上只是股權結構的調整或重組，企業根本不可能因該併購提升經營效率或產生任何綜效。這樣的交易，就不是企業併購法所要鼓勵的併購行為，也不會形成各種「新」的無形資產或商譽，買方自然沒有攤銷無形資產或商譽成本的可能。

「但一個商品如果只有價值100元，不會有人笨到花120元去購買。買方會多花20元，就代表有多買到20元的無形價值！」羅傑激動地看著我。

的確，商譽做為一種無形資產，如果從無形資產在財務會計上的認定標準來看，商譽確實符合「非實體存在」、「非屬貨幣特性」與（可能）「具備未來經濟效益」三項特徵。但除此之外，商譽是否也具備無形資產另外兩項重要特徵，亦即「具有可辨認性」

與「可被企業控制」，恐怕就有討論空間。

例如：許多知名企業的正商譽，很可能因為突如其來的負面事件，一夕之間轉為負商譽。又例如：優秀的經營團隊今年經營得好，明年卻未必順遂。商譽的漲跌幅度高度不穩定；但攤銷，卻是讓資產的取得成本，依其使用年限合理分攤。把商譽定性為一項無形資產，並且在稅上給予攤銷成本的可能，確實容易引起稅捐稽徵機關與法院的不安。

「只能說，立法者在現行法律中，把商譽攤銷的餅畫得太大，又欠缺配套措施，才會讓企業在併購後的失落感特別沉重！」我拍拍羅傑的肩膀。

羅傑臉上的線條似乎漸漸柔和起來。

我安慰著羅傑，「下次要規劃併購案時，記得和老闆先說清楚，商譽最後有可能無法攤銷！」

三秒鐘後，我們兩人竟不約而同地告訴對方：「所以，出手不要太大方！」

就這樣，正準備來關門的警衛大哥，看著兩個男人帶著開懷的笑聲，一起走出會場。

精準節稅

企業併購，原本是美事一樁。但每當併購案一路走到商譽攤銷時，卻經常是企業與財會主管痛苦的開始。不論是稅捐稽徵機關或法院，經常訴諸舉證責任分配的法理，認為「商譽價值為所得計算基礎之減項，應由納稅義務人負客觀舉證責任。納稅義務人應舉證證明其主張之收購成本真實、必要、合理，及依財務會計準則公報第25號第18段衡量可辨認淨資產之公平價值，或提出足以還原公平價值之鑑價報告或證據。」(➔參照最高行政法院100年度12月份第1次庭長法官聯席會議決議),即實質上限縮企業就併購商譽攤提營業費用的可能。然而,此種做法是否違背企業併購法希望藉由稅捐優惠帶動併購動能的價值取向,恐有斟酌餘地。

為了讓徵納雙方的遊戲規則更加明確,立法院在111年修正企業併購法第41條,除了維持原有規定「公司進行併購而產生之商譽,得於15年內平均攤銷」之外,同時增訂第2項:「前項商譽之攤銷,納稅義務人應提示足資證明併購之合理商業目的、併購成本、取得可辨認淨資產公允價值及其他相關審查項目之文件資料,由主管稽徵機關認定之。但納稅義務人依會計處理規定不得認列商譽、無合理商業目的、藉企業併購法律形式之虛偽安排製造商譽或未提供相關證明文件者,不予認定。」

財政部也同步在111年3月30日發布台財稅字第11004029020號令,訂定「營利事業列報商譽之認定原則及證明文件」(含商譽核認檢核表及新增可辨認無形資產檢查表)。其中,第1點即規定:「公司具合理商業目的,依企業併購法或金融機構合併法與他公司合併,或收購他公司之業務,其併購成本超過所取得之可辨認資產及承擔之負債按公允價值衡量之淨額部分,得認列為商譽,依規定年限攤銷。但有下列情形之一者,不得認列商譽:(一)依國際財務報導準則第3號『企業合併』及企業會計準則公報第7號「企業合併及具控制之投資」之會計處理規定不得認列商譽。(二)無合理商業目的,藉企業併購法律形式之虛偽安排製造商譽,不當規避或減少納稅義務。(三)未提供併購成本之證明文件、所取得可辨認有形資產及無形資產之評價資料。」

期盼藉由更為明確的遊戲規則，讓徵納雙方過去在商譽攤提的不愉快經驗，就此煙消雲散。

參考資料

最高行政法院107年度判字第244號判決、最高行政法院107年3月份第1次庭長法官聯席會議決議。

節稅力6

選低稅率

想要適用較低稅率，就得要靠自己努力爭取，
除了你自己，沒有人會主動幫你。

6-1

解鈴還須繫鈴人——租稅協定的適用

當企業從事跨境交易時，要面臨的稅務風險也會相對提高。因為此時企業不該只是考量國內稅法，同時也要注意國外稅法與租稅協定中的相關規定。一有閃失，往往得不償失。

幫忙收錢也要繳稅？

瑞秋是馬來西亞一間網路科技公司（MA公司）的財務主管，多年前，一個滂沱大雨的午後，她透過朋友介紹專程飛來臺灣找我。她想詢問她們集團在臺灣的一件稅務訴訟還有沒有解套空間。我看她為了集團的事務盡心盡力，遠道而來，眼神中沒有一絲疲態。我也趕緊睜大午後慵懶的雙眼，仔細聽她把事情的始末娓娓道來。

故事是這樣的。大家熟悉的臉書曾經委託新加坡商Paypal，向臺灣的消費者收取因購買虛擬遊戲幣所支付的款項。Paypal為此與MA公司的香港子公司（HK公司）簽約，委由HK公司代為收取來自臺灣消費者所支付的前述款項。HK公司再透過其在臺分公司（TW公司）代為收取上述款項。依據MA公司與TW公司簽訂的合約，TW公司有為MA公司提供電信小額付款服務的義務。TW公司的功能，在於整合國內各電信業者的小額付款系統，再為MA公司代收款項給Paypal，TW公司則從中賺取手續費。

在本案中，TW公司的負責人小吳當初依會計師的建議，將TW公司支付給Paypal的款項（約新台幣3.5億元）認定為權利金所得，扣繳20%（約7,000萬元）。但身為扣繳義務人的小吳事後越想越不對勁，因為TW公司支付給Paypal的款項，最後絕大部分都要歸墊給臉書，不論是TW公司或Paypal，都只是從中賺取一些手續費，但TW公司卻要為臉書代為扣繳大筆稅款，實在不合理。

於是小吳透過瑞秋的安排，決定在臺灣提起行政訴訟，主張TW公司先前支付給Paypal的款項屬於「代收轉付」性質，亦即代他人（Paypal）收取款項後，再轉付他人（Paypal），因代收轉付款項非屬企業本身的收入或支出，無須繳稅，故請求國稅局退還小吳先前溢扣繳的稅款。

遺憾的是，三年多的官司打完，法院最後還是認定小吳敗訴，已經扣繳的7,000萬元稅款確定不得請求返還。由於Paypal與MA公司先前已經約定，Paypal在臺灣發生的稅費得由MA公司自行負擔。因此這筆7,000萬元的稅款，最終得由MA公司自行吸收。

瑞秋越講越激動，「你們臺灣的稅法，怎麼對繳錯稅的企業下手這麼重？」

我仔細閱讀法院的判決書，十分鐘後，我抬起頭，苦笑地看著瑞秋。

「不是這樣的，你可能有所誤會！」

真正的代收轉付，是指代他人收取款項後再「無差額」轉付他人。本案TW公司提供整合各電信業者的小額付費系統給Paypal使用，且消費者提供的款項中，已包含TW公司因提供勞務所獲取的所得，故TW公司交付給Paypal的款項已扣除TW公司應得的手續費。換言之，TW公司的代收與轉付間，並非完全「無差額」。

TW公司給付給Paypal的款項雖然與（專利、商標或特許權利等無形資產供他人使用所獲取的）「權利金所得」在概念上相距甚遠；但Paypal的營業必須經由我國境內的網路，以及我國境內營利事業提供設備及技術，始得完成，且其營業成果也是由買受人在我國境內使用。因此法院認為，Paypal從TW公司獲取的所得，依舊屬於Paypal「在中華民國境內經營工商、農林、漁牧、礦冶等業的盈餘」（即營業利潤），同樣是Paypal的中華民國來源所得，故TW公司仍應就其給付給Paypal的款項扣取20%的稅款。

「只能說，MA公司當初在規劃交易模式時有欠周全，沒有考慮到代收轉付在稅法上的適用條件！」我話都還沒說完，瑞秋卻已經落寞地低下頭來。

會申請的企業有優惠拿

「不過，這個案件其實還有一個解套的可能！」我請瑞秋先別洩氣。

依據「中新避免所得稅雙重課稅及防杜逃稅之協定」（下稱中新租稅協定）第7條第1項規定，「營業利潤」的課稅權原則上全部歸屬於居住國，除非企業在所得來源國有「常設機構」，且經由該「常設機構」從事營業，此時歸屬於該「常設機構」的利潤，所得來源國即取得課稅權。

在本案中，法院既然肯認TW公司給付給Paypal的款項，屬於來源於我國的「營業利潤」，同時肯認Paypal為「新加坡居住者」，且其在我國境內沒有固定營業場所及營業代理人，亦即在我國境內「無常設機構」。依上述中新租稅協定，Paypal的「營業利潤」也就只能在新加坡課稅，我國並無課稅管轄權。

「但，解鈴還須繫鈴人。要享受租稅協定的優惠，就必須由Paypal主動向我國稅捐稽徵機關提出申請。」

「這，很難啊！雙方的契約都已經約定，臺灣的稅費由MA公司自行負擔。我看Paypal應該不會理會我們的請求。」瑞秋無奈地看著我，不再多說。

外頭的大雨依舊下個不停。

瑞秋沒有多做停留，轉身啟程前往下一站，為集團另一個失敗的稅捐規劃繼續收拾爛攤子。

精準節稅

當企業從事跨境交易時，不論是我國企業對外進行交易，或是外國企業來臺從事交易，首先應就國內稅法進行審查，以確認該企業有無我國稅法的納稅義務。當我國稅法的審查結果已經確認該企業有我國稅法的納稅義務時，此時應進一步審查，該企業的跨國稅捐事務，是否也同時涉及國外稅法的納稅義務，因而產生重複課稅的問題。

至於該如何消除重複課稅？應視我國稅法中有無安排消除重複課稅的方法（單邊法）。例如依我國所得稅法第3條第2項但書規定，總機構在我國境內的營利事業可以適用「國外稅額扣抵法」，以避免國外所得遭重複課稅。倘若我國稅法中欠缺消除重複課稅的制度安排，則應視兩國間有無締結避免雙重課稅的租稅協定（雙邊法）。

但應注意的是，我國對於租稅協定，原則上採取「申請適用原則」。任何打算享受租稅協定提供之優惠的企業或個人（例如：在租稅協定的適用下，所得來源國就股利所得、利息所得、權利金所得，通常可以適用較低的扣繳率），都必須主動提出申請。以本案的「營業利潤」為例，依據適用所得稅協定查核準則第23條第1項規定，「他方締約國之企業如有依法應課徵所得稅之營業利潤，但依所得稅協定有關營業利潤之規定，應減免所得稅者，應檢附他方締約國稅務機關出具之居住者證明、在中華民國境內無常設機構或未經由中華民國境內之常設機構從事營業之相關證明文件、所得相關證明文件，向給付人所在地之稅捐稽徵機關申請核准減免所得稅。」換言之，他方締約國的企業，如未主動向我國稅捐稽徵機關提出申請，我國稅捐稽徵機關就只會依循我國稅法進行核課。

此外，考量外國企業在我國獲取所得可能有成本費用支付的需求，且該筆所得在境內與境外的利潤貢獻程度不一。因此，凡是在我國境內無固定營業場所及營業代理人的外國企業，如有自我國境內取得「勞務報酬」或「營業利潤」，可以在取得收入前檢附相關證明文件，向我國稅捐稽徵機關申請核定適用「淨利率」及「境內利潤貢獻程度」；或由國內的扣繳義務人在給付該項收入給外國企業前檢附相關證明文件，向稅捐稽徵機關申請核定適用「淨利率」，以獲得較符合實情的課稅待遇。

參考資料

最高行政法院110年度再字第11號判決、最高行政法院108年度上字第1150號判決。

6-2

快樂的枷鎖——引進國外技術時的扣繳稅減徵

當國內公司要付錢給外國公司時，何時要辦理扣繳？以及該由誰來辦理扣繳？頭腦清楚，可以省下小錢；糊里糊塗，就得花上大錢。

誰該幫忙扣繳稅款？

W公司是中部一間小有名氣的環境工程公司，專長在工業廢水的處理。主要業務在協助客戶分離污水中的固體污染物，減輕污水對環境的破壞。

W公司的負責人李桑多年前曾遠赴德國參展。當時還是留學生的我曾在展場打工幫忙翻譯，因而與李桑有了一面之緣。

這幾年我們各自忙碌，較少聯絡。一個午夜時分，我突然接到他的來電。李桑告訴我，他最近遇到一個麻煩的稅務問題。

原因是，W公司為了突破傳統淨化技術的瓶頸，前幾年開始引進德國的先進技術與除污設備。德國供應商為了指導W公司操作除污設備，特地派遣10多人的專業團隊來臺兩週，提供相關的技術指導。W公司為此支付給國外供應商的技術服務費高達800萬元。

一年後，W公司還在技術轉型階段，就收到國稅局的補稅通知單與罰單。上面記載著，W公司支付給德國供應商的技術服務費未依規定辦理扣繳及申報扣繳憑單。國稅局因而要求李桑補稅160萬元，同時按應扣未扣的稅額，處李桑三倍罰鍰高達640萬元。

「為何德國供應商賺錢，稅款卻要我來繳？」電話那頭的李桑越講越激動。

「確實，德國供應商既然是納稅義務人，這筆稅款，最終還是應該由他來承擔。」我嚥了嚥口水說：「只是，德國供應商遠在天邊，但W公司要支付的款項卻近在眼前。為了確實掌握課稅資料以實現租稅公平，所得稅法第89條因而明定，國內公司的負責人（李桑）應代為扣繳稅款。」

「但付錢的明明是W公司，為何由我個人承擔扣繳稅款的法律責任？」

「李桑，於情於理，我完全同意你。負責人只是代表公司執行業務；真正享受經營利益的，既然是公司本身，理應由公司負擔扣繳稅款的法律責任。」

李桑在電話那頭沒有回應，我接著說：「但你的理想要能落地實現，就得先用盡通常救濟程序，才有可能請憲法法庭判決上述規定違憲，緩不濟急。此外，這條路的難度很高，因為大法官早已肯認，以負責人做為扣繳義務人的規定合憲。」

「那我該怎麼辦？」

「退而求其次吧！有一條路雖然不能讓你毫髮無傷，卻可讓你輕傷而退。去請德國供應商幫忙，向財政部申請適用所得稅法第25條規定。」

換個姿勢，再來一次

原因是，當一間外國公司有我國來源所得，但在我國境內因組織性不夠強（例如在我國境內未設有固定營業場所或營業代理人），導致其相關的支援系統可能來自境外。此時，這間外國公司如要證明其在我國境內有成本費用發生，通常很困難。但如果完全不考量這些實際上存在的成本費用，對該外國公司也不公平。

為了解決上述問題，所得稅法第25條因而規定，即使在個案中，徵納雙方無法掌握成本費用的實際金額，但只要經財政部核准，也可以直接以「外國公司的收入乘以一定比率」來推計所得額；相較於原本以「外國公司的全部收入」扣繳稅款，所得稅法第25條的適用，確實較有利於外國公司。

更重要的是，在不適用所得稅法第25條規定時，所得稅法第89條規定是以「公司負責人」為扣繳義務人；一旦適用所得稅法第25條規定，則改以「給付人」（也就是「國內公司」）為扣繳義務人。

但也並非所有的外國公司都可以適用所得稅法第25條規定，必須是條文中規定的「四種行業」才能適用。而本案德國供應商提供的「技術服務」，正好就是其中一例。

此種服務的履行，通常不需要在我國境內設立完整的組織，只需要派遣少數業務代表及技術工程師來臺即可，因而在我國境內設立實體組織的需求性較低，成本費用的攤計也較為困難。

半年後，一樣的午夜，一樣熟悉的來電。李桑告訴我，他一方面請德國供應商幫忙申請適用推計所得額規定；另一方面也針對補稅及罰鍰處分，申請復查及訴願，兩邊分進合擊。

就在訴願審理到一半，德國供應商向財政部申請適用推計所得額規定如願獲准。財政部的訴願決定，因而撤銷原處分，並請國稅局另為處分。

「但國稅局依舊認為，我們付錢給德國供應商的時候，確實還沒有拿到財政部的核准函。因此，國稅局當時的處罰並沒有錯誤，是我們太晚申請適用推計所得額規定，所以還是有過失。」

「但法律也沒有明文限制外國公司的申請期限啊！」我對著電話那頭的李桑說：「我看你還是繼續提行政訴訟，讓行政法院來決定吧！」

半年後，行政法院的判決出爐。法院認為，現行法律既然沒有明文規定申請期限，只要符合所得稅法第25條規定，外國公司隨時可以向財政部申請核准。至於立法上有無疏漏，必須靠修法解決。

本案既然經財政部事後核准，情事已經發生變更，自應一體適用所得稅法第25條規定，以「W公司」為扣繳義務人，並按該條規定的推計所得額扣繳稅款。原先以「李桑」違反扣繳義務的罰鍰處分，也因而被法院撤銷。

不久，李桑來電告訴我這個好消息。這一回終於不是擾人清夢的午夜時分。

「經過這次事件，你學到了什麼？」

「我們一天到晚都在替客戶淨化污水中的雜質，卻忘記要過濾自己可能遇到的稅務風險。」

那一晚，我耳中不時傳來年少時經常聽到的一首英文歌曲，主唱低嗓地哼唱著：「你的快樂，不該是我的枷鎖。」

和外國人做生意不也如此。

他的收入，不該是你的風險。

精準節稅

舉凡總機構在我國境外的營利事業，或教育、文化、公益、慈善機關或團體，在我國境內從事「經營國際運輸」、「承包營建工程」、「提供技術服務」或「出租機器設備」四項業務，其成本費用分攤計算如有困難時，都可考慮依所得稅法第25條規定，向財政部申請「國際運輸業務」按其在我國境內營業收入的10%，「其餘三項業務」按其在我國境內營業收入的15%，為我國境內的營利事業所得額。但上述申請人，不包含大陸地區法人、事業、機構或團體在內。

其中，實務上經常適用的「技術服務」內容廣泛，包括規劃、設計、安裝、檢測、維修、試車、諮詢、顧問、審核、監督、認證、人員訓練等服務型態，均屬之。但應注意的是，在一份提供技術服務的合約中，經常夾雜著「勞務提供」與「專門技術提供」兩種類型。但這裡的「技術服務」，原則上僅指「勞務提供」的部分。

以本案為例，當德國供應商提供W公司教育訓練服務時，固然屬於「技術服務」性質；但德國供應商也可能在教育訓練服務以外，另行提供訓練教材或課程內容。當教材或課程與專屬技術資訊或祕密方法的提供有關時，W公司取得的報酬即屬「權利金收入」，與所得稅法第25條規定無關，應自合約價款中劃分出來。

最後，當國內企業引進國外營利事業的勞務時，應注意有無涉及所得稅法第25條規定的四種業務類型。如有，也應請國外營利事業儘早向財政部申請推計所得額課稅規定，以降低國內企業的扣繳稅額。

當然，最重要的是，與外國廠商簽訂合約時可別忘了約定：「我幫你代扣繳的稅款，要記得還給我！」

參考資料

臺北高等行政法院93年度訴字第2681號判決、臺北高等行政法院93年度訴字第1896號判決。

6-3

方便，不應該隨便——擴大書審制度

如果可以只繳6%，還有誰願意繳20%、30%或甚至更多？

只是，繳6%是有條件的。一旦違反，連補帶罰，一次收回！

繳個6%就沒事？

西蒙是北部一間樂器行的老闆，他獨資經營的A樂器行裝滿著我大學時代的回憶。我的第一把薩克斯風，就是靠著三個月的打工收入和西蒙分期付款買來的。西蒙不只賣我薩克斯風，也是我的薩克斯風老師，他教我的〈新不了情〉，讓當年剛結束成功嶺大專集訓的我，在同儕面前走路都有風。

幾年前的一個午後，我再次造訪A樂器行。走進店裡，卻看到西蒙一個人蜷縮在堆滿薩克斯風的倉庫牆角，手裡拿著一堆資料。

他告訴我，前陣子他被國稅局補稅及處罰，老婆又不諒解他的疏失，他感到沮喪與自責。

「我朋友艾俐在記帳士事務所上班，她告訴我，我的行業每年繳個6%就沒事。但為何我還是被國稅局查帳，之後還被補稅及處罰？」

我拿起西蒙手上的資料，快速翻閱後，低下頭看著他。「你應該是適用擴大書面審核制度吧！」

財政部為簡化稅捐稽徵機關的作業程序，同時推行便民服務，每年都會頒布《營利事業所得稅結算申報案件擴大書面審核實施要點》。對於符合「一定條件」的營利事業，只要依部頒的「純益率」計算營利事業所得稅，後續國稅局「原則上」只就申報案件予以「書面審核」。

所謂的「一定條件」，是指「全年收入（包含營業收入及非營業收入）合計在3,000萬元以下」的營利事業，年度結算申報書表齊全，並且在申報期限截止前繳清應納稅款。

至於部頒的「純益率」，則依據當年度實施要點規定的純益率計算，以111年度為例，各行業的純益率分布在1%至10%之間，大部分行業適用6%。以西蒙的樂器零售業（標準代號：4763-14）為例，擴大書審純益率即為6%。

「適用擴大書審案件不是繳個6%稅款就保證沒事，還是有可能被國稅局查帳，只是機率比較低。」我眉頭微微皺起，看著西蒙。

「你要嘛是天選之人，不然……就是被檢舉之人！」

我一頁一頁翻閱國稅局的處分書。這才發現，A樂器行的客戶以信用卡消費的金額，竟然大於二聯式銷貨發票金額。

A樂器行以樂器零售為主，銷貨對象通常不是一般營業人，故以開立二聯式銷貨發票為主，確屬合理。但信用卡消費金額如大於二聯式銷貨發票金額，就代表營業收入可能僅列報客戶刷卡消費金額。換句話說，客戶如果不是刷卡消費，A樂器行就有可能漏開發票及漏報營業收入。

「我看我應該是被檢舉！」西蒙說著說著，頭也低了下來。

毛利率還是淨利率？

三分鐘後，西蒙手指著處分書，再度滿臉疑惑地看著我，「為何國稅局調帳重核時，對我適用比較高的同業利潤標準毛利率（樂器零售業：25%）？而非同業利潤標準淨利率（樂器零售業：11%）？」

當國稅局查獲營利事業漏報營業收入，如因提示的帳簿憑證無法勾稽查核其漏報部分的成本，該部分成本原申報時也未予列報，此時依據實務見解，將按同業利潤標準「毛利率」，核定其營業毛利。

至於營業費用，因與產品欠缺直接關係，除原申報案已申報列入的費用，經依法調整剔除其超列部分（如交際費、職工福利費等）可以核實認定外，其餘費用應不得再行減除。

相較於此，當營利事業原申報案因未能提示帳簿文據備查，經依所得稅法第83條規定，按查得資料或同業利潤標準核定所得額者，於查獲違章銷貨收入核計匿報所得額時，才會以同業利潤標準「淨利率」為準。

換言之，國稅局調帳重核時究竟應適用何者，仍應視個案情況而定。此外，以同業利潤標準「淨利率」計算漏報所得額，其結果也未必較為有利。

事實上，擴大書審只是為減輕徵納雙方負擔的一種便民措施，營利事業依舊得維持帳簿憑證的完備。換言之，擴大書審制度絕非給營利事業有偷懶或心存僥倖的權利。

否則一旦被抽查時，營利事業因帳簿憑證未能提示或未能完整提示，導致資料無從勾稽，國稅局即可依較為不利的同業利潤標準核定其所得額，同時裁處漏稅罰。

「所以我當年分期付款向你買的那把薩克斯風，你也沒報稅？」我好奇地看著西蒙。

西蒙的眉頭緊皺，嘴唇緊抿，我可以感受到他內心的歉意。

但下一秒的他，卻開始哼了起來：

「回憶過去，稅務的煩惱忘不了，為何你還來，撥動我心跳！」

我們倆，相視而笑！

精準節稅

企業在申報所得稅時，關於營利事業所得的計算，原則上應以其本年度收入總額，減除各項成本、費用、損失及稅捐後的純益額為所得額（➔所得稅法第24條）。

然而實務上為簡化徵納雙方的成本負擔，另外有「擴大書審純益率標準」與「所得額標準」兩種簡化所得額計算的規定。

適用「擴大書審純益率標準」的行業，必須全年營業收入淨額及非營業收入合計在新台幣3千萬元以下，其年度結算申報書表齊全，自行依法調整的純益率在規定標準以上，並且在申報期限截止前繳清應納稅款，才能夠就其申報案件適用書面審核（但獨資、合夥組織僅須辦理結算申報，無須計算及繳納應納稅額）。

擴大書審純益率分布在1%至10%之間，大部分行業適用6%。如經營兩種以上行業的營利事業，則以主要業別（收入較高者）的純益率標準計算。

全年所得額 ＝（營業收入淨額＋非營業收入）x 擴大書審純益率

至於「所得額標準」，則由稅捐稽徵機關視當地納稅義務人的多寡，採分業抽樣調查方法核定各該業所得額標準。通常比擴大書審純益率來得高一些（以西蒙的樂器零售業為例，其「所得額標準」為9%）。

「所得額標準」的適用並無營收多寡的限制。納稅義務人申報的所得額如在「所得額標準」以上，即以原申報額為準。但如經稅捐稽徵機關發現申報異常或涉有匿報、短報或漏報所得額的情事，或申報的所得額不及規定標準時，仍可再個別調查核定（➔所得稅法第80條）。

全年所得額 ＝ 營業收入淨額x 所得額標準＋非營業收入－非營業損失

「擴大書審純益率標準」與「所得額標準」的適用，雖然有程序簡便且查帳比率較低的優點，但也並非毫無缺點。因為當企業的實際利潤低於上述標準或甚至虧損時，在公式化計算下依舊要繳稅。

此外，適用上述兩者的營利事業一旦被抽查，如有帳簿憑證未能提示或未能完整提示，導致資料無從勾稽時，國稅局即可依較為不利的「同業利潤標準」核定其所得額（➔所得稅法第83條），甚至裁處短、漏報所得稅的漏稅罰（➔所得稅法第110條）。

全年所得額 ＝ 營業收入淨額x 同業利潤標準＋非營業收入－非營業損失

值得注意的是，適用擴大書審案件雖然較不容易被選案查核。但近年來國稅局已經注意到，不少營利事業利用擴大書審制度規避或逃漏稅捐，因而針對以下九種違章型態加強查核：

一、利用成立多家企業分散收入，以適用擴大書審規避查核。

二、跨轄區設立關係企業，以規避稽查。

三、適用擴大書審企業替關係企業開立銷售發票分散收入，將取得的憑證轉供關係企業列報成本及費用。

四、利用擴大書審企業開立無交易事實的發票給關係企業做為成本費用憑證。

五、適用擴大書審案件的企業未取得合法進項憑證列報成本及費用，致銷售方短、漏報銷貨收入。

六、適用擴大書審企業未據實辦理扣繳申報。

七、高薪資所得或執行業務所得者，利用擴大書審制度規避個人綜合所得稅。

八、營利事業取具憑證不足或帳證不全，仍申報為擴大書審案件規避查核。

九、未正確填寫行業代號，卻誤選用其他行業代號並以較低純益率申報，或規避不適用擴大書面審核申報業別逃漏稅捐。

擴大書審制度固然有簡政便民的優點，但別把「方便」當作「隨便」，才不會讓企業面臨補稅及處罰的風險！

參考資料

臺北高等行政法院101年度訴字第1642號判決、臺北高等行政法院101年度訴字第897號判決、財政部69年4月15日台財稅第33041號函、臺灣省政府財政廳60年9月7日財稅一第95314號令。

節稅力7

爭取抵免

A penny saved is a penny earned.
你省下的一塊錢就是你賺到的一塊錢。
——美國開國元勛班傑明．富蘭克林（Benjamin Franklin）

7-1

昂貴的午餐——技術入股與緩課

如果問，當企業擁有商標、專利等智慧財產權時，會遇到哪些法律問題？通常會想到的是，企業將智慧財產權授權他人使用，該如何收取權利金？或是企業的智慧財產權一旦遭他人侵害，該如何主張損害賠償等問題？但其實，有關智慧財產權的維護與管理還有許多值得探討的稅務議題，卻是企業經營經常忽略的一環。

稅也可以晚一點繳？

在我教過的學生中，白手起家的不算少數。但在忙碌的創業旅程中，還能持續回學校進修的年輕人，恐怕就屈指可數。偉哥是其中的一位。

30歲不到的他，已經是中部一間K公司的負責人。K公司的主要業務，是為企業客戶量身訂做網絡交易系統，以利企業拓展海外商機。

有一回，偉哥課後留下來等我。我看他欲言又止，便詢問他是否有事要和我討論。他點點頭，告訴我，有一間規模較大的J公司看重K公司的技術，希望邀請K公司技術合作。

我知道偉哥找我是想瞭解，技術合作有哪些節稅效益，但又深怕打擾我休息，我才講沒兩句，他就連忙對著我說：「謝謝老師，我知道了」。

我怕他沒聽懂，臨走前再次提醒他：「J公司看重的不是K公司的資金，而是K公司的技術。你可以考慮用K公司的技術作價投資J公司，還可以享受緩課的稅捐優惠。」

政府為了促進創新研發成果的流通與應用，因而鼓勵智慧財產權人積極轉讓權利，特別在中小企業發展條例第35條之1規定，中小企業或個人只要以其所有的智慧財產權，讓與非屬上市、上櫃或興櫃公司所取得的新發行股票，得免予計入該企業當年度的所得額課稅，以協助我國產業提升產品質量、技術創新與服務內容的能量。

等到股票未來轉讓時，再列為轉讓當年度的所得額課稅。亦即將此類智慧財產權作價取得新發行股票的課稅與繳稅時點，均延緩至「實際轉讓時」。

特別是，提供智慧財產權的一方（即中小企業或個人）通常資金較為缺乏，所換取的股票可能沒有交易市場，其日後轉讓的收益也未必與取得當時相當。如在尚未變現前卻要求其應先繳納稅款，這對於中小企業或個人而言，確實是難以承受的不利負擔。

但人世間，畢竟沒有免費的午餐。緩課的規定既然是一種稅捐優惠，一定要主動申請才能享有。

「但是我只有技術，沒有在政府登記有案的商標權或專利權，這樣也可以適用緩課的租稅優惠嗎？」偉哥滿臉疑惑地看著我。

「可以的。這個條文的立法目的，主要在於鼓勵中小企業導入外部資源，以強化自身創新研發的動力，並未限定只有登記有案的智慧財產權才能適用。」因此，只要是發行股票公司需要的技術，且已經發行股票公司同意時，仍得適用上述緩課的規定。

「最後，記得請J公司幫忙，要在期限內向稅捐稽徵機關提出申請，才有機會適用該條租稅優惠。」我對著偉哥的背影大聲嚷著。

只聽見遠處傳來不斷重複的那句話：「謝謝老師，我知道了。」音量逐漸變小，直到完全消失在轉角。

只賣不租，才有優惠

當老師的人往往有一種直覺，當學生太快說出「沒問題」這三個字時，通常才是問題的開始。

一年後，我走在校園裡，突然聽到背後有人大聲喊著「陳老師！」

原來是偉哥。一陣寒暄後，我問他：「上次K公司申請技術入股緩課的事，還順利嗎？」

只見偉哥眼神向下45度角，看著地面，滿臉通紅，有些難為情地對我說：「上次我有記得請J公司幫忙申請。但後來，整個案子被我搞砸了！」

「怎麼說？」

「國稅局說要審核我們兩公司間締結的智慧財產權讓與契約，我想說找律師寫太貴，就隨手在網路上找了一份範本，稍微潤飾後就提供給審查人員。」

「事後國稅局告訴我們，這份契約關於技術移轉的約定方式，是使用『專屬授權』的用語，可見K公司並未以『讓與』智慧財產權的方式，作價取得J公司股票。」

「當然啊，讓與是指K公司擁有的技術所有權，將來會移轉到J公司名下；如果是授權使用，就只是K公司未來會讓J公司使用其技術。問題是，如果雙方只停留在授權使用階段，所有權既然不會移轉，又該如何技術入股？」我無奈地看著偉哥。

事實上，經國稅局提醒後，偉哥才驚覺自己把「讓與」和「授權使用」的意思搞錯。偉哥事後也向承辦人員表示，他們當初檢附的「專屬授權契約書」有誤，經雙方合意，已同意更正為「讓與契約書」，並主張撤銷先前錯誤的意思表示。

只可惜，兩間公司原先檢附的「專屬授權契約書」簽約日較早，偉哥後來主張撤銷時，已經超過一年的法定除斥期間，因而不得行使撤銷權。

「好吧，過去的事就算了！中午到了，我們一起吃個午餐。」我拍拍偉哥的肩膀，對他說：「但這次老師不請客，因為你不要再吃免費的午餐了。免費的最貴！」

終於，偉哥的嘴角微微揚起。

「老師，沒問題！」

「不要再說這三個字了！」我苦笑地看著他。

精準節稅

中小企業或個人以其享有所有權的智慧財產權，讓與非屬上市、上櫃或興櫃公司，所取得的收益如為股票時，因為只是單純取得股權，尚未有實際現金入袋，此時如立即課稅，對中小企業或個人較為不利。

為解決上述問題，同時鼓勵創新研發成果得以充分流通與應用，中小企業發展條第35條之1因而規定，此類智慧財產權作價取得新發行股票的課稅及繳稅時點，均延緩至實際轉讓、贈與或作為遺產分配時。其所得的計算，應依「時價」扣除取得新發行股票的成本及費用後的金額認定。類似規定也出現在產業創新條例第12條之1、第12條之2，及生技醫藥產業發展條例第9條規定中。

又為避免中小企業或個人無法舉證證明其研發成本，在計算讓與智慧財產權的財產交易所得時，中小企業或個人如無法提出取得成本的證明文件，依法得以其轉讓價格的30%計算該股票的取得成本。換言之，此時將以轉讓價格的70%計算所得，可能對研發成本占比較高的中小企業較為不利。

最重要的，在程序上，受讓智慧財產權的股票發行公司，應於公司登記主管機關核准本次智慧財產權作價入股增資函之日起，至次年度5月底前，檢附相關證明文件，向公司所在地的稅捐稽徵機關申請適用此項租稅優惠。

由上述說明可知，中小企業在安排技術作價入股時，應審慎製作「智慧財產權讓與契約書」(而非「授權契約書」)；在研發過程中，也應盡可能將研發成本的相關證明文件核實歸檔；此外，緩課的申請務必在期限內向稅捐稽徵機關提出。一旦逾期，將無法適用緩課的租稅優惠。

參考資料

臺北高等行政法院105年度訴字第849號判決、受理個人或中小企業依中小企業發展條例第35條之1規定申請免徵所得稅作業要點、財政部104年2月25日台財稅字第10300207480號函、經濟部103年12月2日經企字第10304605790號令。

7-2

笑不出來的企業——研發支出如何適用投資抵減？

政府為鼓勵企業投入研究發展，強化產業的競爭力，因而規定，只要符合一定條件，企業投資於研究發展的支出就有機會抵減應納的營利事業所得稅。但這裡所指的一定條件，卻經常讓企業鎩羽而歸，特別是在跨國境的關係人交易，企業申請研發投抵的辛酸史，一頁比一頁含淚。

成果留下，優惠你拿

文賢是我同窗三年的高中同學，當年身形壯碩的他在籃球場上叱吒風雲，是我們班的「移動長城」。他平常話不多，喜怒總是不形於色，時常獨自在沉默中穿梭。交大畢業後，他很順利進入國內一間知名的電子保護元件與天線產品的專業研發及製造公司（B公司）服務。經過十多年的努力，文賢成為公司倚重的研發主管。幾年前我們在一次同學會中再次相遇，他一聽到我鑽研稅法直呼太巧，趕緊和我商討他們公司日前遇到的一件稅務問題。

文賢告訴我，B公司長期投入行動裝置相關天線產品的研發工作。公司有一個「高頻部門」，這幾年積極投入研發GPS相關應用產品。公司原本打算就「高頻部門」的研發支出，依促進產業升級條例第6條規定（後來改為產業創新條例第10條），申請抵減營利事業所得稅，卻遭國稅局駁回，目前正提起行政救濟。

國稅局認為，政府之所以提供企業就研發成本抵減營所稅的優惠，目的是為了鼓勵企業將創新的研發成果根留臺灣，進而改善產業環境，提升產業競爭力。因此，企業支付研發費用所對應的研發活動首先必須具有「前瞻性」、「風險性」與「開創性」的特質，也就是要有一定程度的「創新高度」，而不只是單純的技術改良而已；其次，企業研發所創造的經濟成果必須專供我國享有，而無外溢效果。唯有同時滿足上述兩項條件，企業所支付的研發費用才能適用投資抵減的稅捐優惠。

但由於研發成果是否具「創新高度」，經常流於徵納雙方各說各話的局面。因此，實務上基於審查成本及效益的考量，也可能調換順序，先就「研發成果是否為我國享有」進行審查。一旦確認企業的研發成果未專供我國享有時，就不再針對該研發成果是否具備「創新高度」進行討論。

在本案中，B公司先由「高頻部門」從事研發活動，嗣後由B公司接單，再委託中國子公司（C公司）加工生產。但依國稅局調查結果，C公司有部分銷貨收入，屬自行接單及銷售，因而認定B公司實際上是將研發成果提供C公司使用，卻未收取合理的權利金或報酬。亦即，本案非屬臺灣母公司專責研發且負責接單、銷售，海外子公司只負責（加工）生產的交易型態。換言之，B公司的研發成果非專供B公司自行使用，仍有外溢效果，因此國稅局才會駁回B公司就研發支出適用投資抵減的申請。

「但國稅局只以C公司自行銷售少量產品（只占全部產品的3%），就否准B公司將全部研發費用適用投資抵減，這也太誇張了吧！」我很少看到文賢這麼生氣，他語帶不滿地看著我。

分配利潤時記得微笑

研發技術屬於無形的知識資本，任何無形的知識資本，在關係企業間確實很難沒有外溢效果。但企業有所得，課稅是原則，免稅是例外。既然是例外，就必須從嚴解釋。現行研發投抵之所以給予稅捐優惠，就是要在例外情況下，才容許企業享受比一般人更為優惠的減稅待遇。

這個例外情況是指，企業一旦有研發成果，就必須竭盡所能把成果留在臺灣，才能協助我國產業升級，進而帶動經濟成長。即使要授權國外使用，也要收取合理的權利金，才不至於讓我國有不公平的稅損發生。

「但我們B公司研發成果的主要利潤都留在臺灣啊，中國C公司的利潤真的很少！」文賢一一向我剖析，兩間公司的利潤配置情形。

「但問題就出在，C公司的功能配置與利潤分配不符合微笑曲線！」

在決定研發成果是否有部分留在國外時，我國法院曾經認為，此時可以參考1992年由宏碁電腦董事長施振榮所提出，而為管理學界接受的「微笑曲線」理論。該理論以曲線說明企業各部門的附加價值分為前、中、後三段。前段為技術或專利，中段為組裝與製造，後段為品牌與服務。商品產銷總獲利的配置，主要是分配給前端的研發與後端的行銷，而中間的（代工）生產獲得的利潤最少。整個曲線看起來彷彿是個微笑符號，因此稱為「微笑曲線」理論。

在本案中，法院考量研發成果在不同產銷階段的利潤分配時，就曾經參考「微笑曲線」理論，因而認為B公司的產銷模式是將研發配置在臺灣，中國的C公司則職司生產。但由於C公司也有將自行生產的產品對外銷售，實際上已進入「微笑曲線」的後端。在這樣的事實基礎下，法院很難不認為「C公司銷售的產品中，確實有享受我國的研發成果」此一客觀事實存在。

「天啊，但總不可能每一間企業的行銷部門都有較多的利潤配置啊！」文賢看起來有些哭笑不得。

「我知道，不是每個人都那麼渴望微笑！」

「也不是每間企業都擁有微笑曲線！」

但你若真心想要從政府手中拿到研發投抵的優惠，就不要讓技術增長的過程有任何的外溢效果，一絲一毫都不要。

精準節稅

當公司或有限合夥事業，打算就其從事研究發展的支出申請適用投資抵減時，依據產業創新條例第10條及「公司或有限合夥事業研究發展支出適用投資抵減辦法」相關規定，必須最近3年內無違反環境保護、勞工或食品安全衛生相關法律且情節重大，且應在辦理當年度營利事業所得稅結算申報開始前3個月起至申報期間截止日內（亦即每年2/1起至5/31），向「中央目的事業主管機關」（例如經濟部工業局）提出研究發展活動及專案認定的申請，並在辦理當年度結算申報時（5/1起至5/31），依規定格式填報及檢附相關文件，送請公司或有限合夥事業所在地國稅局核定其投資抵減稅額，始符合程序要件。

此外，依據投資抵減辦法第10條規定，公司或有限合夥事業所研究發展的產品、技術或創作，必須「專供公司或有限合夥事業自行使用」，或「取得合理的權利金或其他合理之報酬」（或至少能提示足資證明已將合理利潤留於該公司或有限合夥事業的移轉訂價文件，且經稅捐稽徵機關查明屬實）。換言之，研發成果的經濟價值必須100%歸於國內企業享有，而無任何外溢效果，才能夠享有研發投抵的稅捐優惠。

企業一旦符合上述程序及實質要件，即可選擇「按支出金額15%」抵減「當年度」應納營利事業所得稅額；或「按支出金額10%」自當年度起「3年內」抵減「各年度」應納營利事業所得稅額。在當年度結算申報期間屆滿後即不得變更。

最後，由於產業創新條例對於「創新程度」的要求較高，必須達到「高度創新」的門檻。企業如果屬於依法辦理公司登記，且合於中小企業認定標準第2條的「事業」（且研發當年度全年月平均實收資本額在8,000萬元以下），可以考慮適用「創新程度」要求較低的中小企業發展條例第35條及「中小企業研究發展支出適用投資抵減辦法」。後者只要求達到「一般創新」的門檻即可。但不包含為「改進」現有產品或服務的生產程序、服務流程或系統及現有原料、材料或零組件所從事的研究發展活動。

參考資料

臺北高等行政法院98年度訴字第2643號判決、臺北高等行政法院98年度訴字第1621號判決。

7-3

只租不賣，效果加倍——引進國外技術時的權利金免稅

有賺錢，原則上就要繳稅。除非是你賺錢的同時，還可以幫政府解決頭痛的難題，例如促進經濟發展或產業升級，就有可能享受免稅的待遇。

但有一個前提，你得照著政府的規矩來賺錢。

遠來的和尚會念經

G公司是中部一間機上盒的製造商。前年在一次餐敘中，G公司的老闆吳董和我提及，隨著新冠疫情肆虐全球，現代人在家運動的比率逐漸增加，數位電視與機上盒的需求也同步攀升。

他們長期合作的國外廠商X公司，也承諾持續提供專門技術給G公司，以協助G公司生產機上盒，外銷全球市場。

吳董在席間詢問我，有什麼方法可以節省X公司在我國的稅捐負擔？

我好奇的是，G公司為何要替X公司操心繳稅的事？

「因為形勢比人強，X公司堅持報酬要拿淨額，所有它原本要

繳給臺灣政府的稅，都要由我們自行吸收。」吳董無奈地看著我。

我想了想，突然靈機一現，趕緊告訴吳董：「有一個條文或許可以試試看。」

在一般情況下，外國公司將它的專利權、商標權、各種特許權利或專門技術授權給國內業者使用，且從國內業者獲取報酬時，該筆報酬屬於外國公司在我國境內的權利金所得，理應向我國政府繳納所得稅。

但上述無形資產一旦有機會在我國境內使用，可能有助於國內產業的技術升級，進而創造更多利潤，帶動財政收入的正向循環。因此，現行所得稅法第4條第1項第21款，即針對此時外國公司獲取的權利金所得，給予專案免稅的優惠待遇。

「就這條，你趕緊去爭取看看。」

吳董聽完心花怒放，一會搭肩摟腰，一會稱兄道弟，還打趣提議我們兩家未來可以聯姻。

失之毫釐，差之千里

半年後的一個大清早，我的手機突然響起。我接起電話，只聽見電話那頭傳來國台語糅雜的抱怨聲。10秒鐘後我才反應過來，原來是吳董打來的。

「陳老師，你那招怎麼沒效，害我被補稅幾百萬，騙肖ㄟ。」

我趕緊請吳董把資料帶過來。我仔細檢視兩間公司簽訂的每一份合約，突然在一份合約中看到一句話：「X公司應將此技術的所有權轉讓給G公司。G公司將擁有此技術所有的權利。」

「吳董，就是這條，把G公司害慘了。」

原來在上次餐敘後，吳董回去想了想，認為這次疫情可能拖很久，他又不想每年付權利金給X公司，因此和X公司講好，由G公司直接買下X公司的專門技術。

然而，X公司既然已經將專門技術的所有權讓與給G公司，兩公司間的交易就不再是單純的「授權使用」，而是不折不扣的「買賣關係」。X公司出售專門技術所取得的報酬，在稅法上就不是因授權他人使用專門技術而獲取的「權利金所得」，而是因出售專門技術而取得的「財產交易所得」，自無權利金免稅規定的適用。

「不對啊，X公司已經獲得經濟部工業局的核准函，政府怎麼可以說話不算話？」吳董疑惑的眼神瞥向我。

我告訴吳董，企業賺錢時，繳稅是原則，免稅是例外。當政府打算提供企業稅捐優惠時，依「原則從寬，例外從嚴」的法理，自然是錙銖必較。除了考量優惠目的是否達成合理的政策目的之外，優惠的內容與範圍也不得過度。

為了提供精準的稅捐優惠，同時基於專業分工的考量，現行法規把專門技術的審核授權給相關業務的「目的事業主管機關」（經濟部工業局）把關。由經濟部工業局專案審核，確認外國公司有無實質技術引進，且屬關鍵技術而國內無法提供，或國內雖可提供，但其效能無法滿足公司的產品規格要求。

在確認外國公司所申請的專門技術符合所規定的獎勵項目後，再由「稅捐稽徵機關」就該專門技術是否符合免稅規定進行審查。換言之，並非通過經濟部工業局專業審核的判斷，就必然可以享受免稅的待遇。專門技術的審查與免稅要件的審查，是兩件完全不同的事。

「你現在是通過第一關，但沒有通過第二關。」

而且，為了確保稅捐優惠花在刀口上，「稅捐稽徵機關」的審查通常更加嚴格。法規上既然只允許國內業者「使用」外國公司的專門技術（亦即僅允許外國公司授權國內業者使用專門技術），並就其支付給外國公司的「權利金」適用免稅，當事人間自不得任意擴大免稅的適用範圍，甚至及於法條所未規定的「買賣關係」。

「啊我看文字都很像，我想說買過來使用也是使用啊。」吳董尷尬地看著我。

法律條文的解釋，還是得讓專業的來。

有時，省小錢，可能讓你花上更大筆錢！

精準節稅

依據所得稅法第4條第1項第21款規定，「營利事業因引進新生產技術或產品，或因改進產品品質，降低生產成本，而使用外國營利事業所有之專利權、商標權及各種特許權利，經政府主管機關專案核准者，其所給付外國事業之權利金免納所得稅。」該條規定的立法意旨，在於消除本國廠商引進國外知識的障礙，以促進我國經濟發展及產業升級，因此對本國廠商支付給外國營利事業的權利金，給予免徵所得稅的優惠。

但要政府放掉到手中的稅收可沒那麼容易。程序上，得先由經濟部工業局就外國營利事業的專門技術做專業審核的判斷，再由稅捐稽徵機關就前述專業審核的結果有無符合免稅規定進行把關。並非只要通過經濟部工業局的審核，就當然可以享受免稅待遇。

因為稅捐稽徵機關依舊可以審核：此項專門技術是否只在我

國境內使用（而未於我國境外生產製造，以避免拿國內稅收補貼國外經濟發展的不合理現象）？此外，外國營利事業是否僅提供專利權等專門技術給國內廠商使用，而非直接將其專利權讓與給國內廠商？

最後，外國營利事業縱使經核准免稅（以三年為限），如與支付權利金的國內廠商互為關係企業時，稅捐稽徵機關還會另行審核，國內廠商列報的權利金費用是否符合常規交易？

因此，國內廠商在引進外國營利事業的專門技術前，應先諮詢專業意見，確認雙方的技術合作方式與報酬支付事宜。避免政府的良法美意，到頭來卻空歡喜一場。

參考資料

臺北高等行政法院102年度訴字第195號判決、臺北高等行政法院97年度訴字第540號判決、外國營利事業收取製造業技術服務業與發電業之權利金及技術服務報酬免稅案件審查原則。

第3部

跨界力

節稅力8

謹慎跨境

一旦跨出國境，你面對的就不再只有一個國稅局。
透明是最好的策略。

8-1

每個人心中都有一間境外公司——境外公司的稅務風險

你可能聽過，許多中小企業會透過設立境外公司從事國際貿易。

你也可能聽過，這幾年全球興起一股「反避稅」浪潮。其中一項反避稅措施，就是要求境外公司應在當地建立經濟實質。

究竟境外公司能否繼續使用，是每個打算從事國際貿易的中小企業都應該關注的稅務議題。

你為何要在老遠的海島上開一間公司？

從這幾年在公開班的授課經驗，我發現一個有趣的現象。學員在課堂上的討論越熱絡，學員間的課後交流也就越頻繁。所謂的交流，當然也包括一些可以少繳點稅的良藥或偏方。良藥苦口，但有益無害。偏方順口，但可能傷身。

有一回，在課程的中堂休息時，我在盥洗室裡無意間聽到兩位中小企業老闆的對話。年輕的老闆小張創業沒幾年，業績就一路成長，打算將自家產品外銷海外。年長的老闆老吳雖然白髮蒼蒼，但老驥伏櫪，和他聊天，你會感受到他好為人師的傳承熱情。

兩個人在盥洗室裡聊開後，小張很直白地問老吳：「該怎麼讓公司和個人可以不要繳稅？」

老吳對小張說了許多他沒繳稅的「豐功偉業」。但其實，重點只有一句話：「開一間境外公司，把錢留在海外。」

我一聽到這句話，當下決定把準備好的上課講義收起來，重新調整課程內容。因為「開一間境外公司」不是萬靈丹，「把錢留在海外」也有稅務風險。在下半堂的90分鐘，我只談三件事：什麼是境外公司？臺商為何喜歡使用境外公司？使用境外公司未來會面臨哪些稅務風險？

一般所稱的境外公司，通常是指在臺灣以外的國家註冊，但不在當地實際營運的公司。這些國家通常位於天然資源匱乏的小島，例如：英屬維京群島（British Virgin Islands）、開曼群島（Cayman Islands）、百慕達（Bermuda）。當然，也包含金融產業發達的香港及新加坡在內。

這些國家為了增加外匯收入，提高就業人口，通常會給予前往當地設立境外公司的外國企業或個人，享受免稅或低稅負的優惠待遇。非居住者只需要按時向當地政府繳納少許規費，並依當地法令進行申報，就可以享受低稅負且財富高度隱密的好處。

至於臺商為何喜歡使用境外公司？原因很多。早期，多半是因為法令上的限制。政府為了保護臺商赴中國投資的安全性，因而規定臺商必須透過第三地公司，才能夠轉投資中國。此外，早期中國的外匯管制較為嚴格，資金進出非常不便。臺商如改以境外公司為簽約主體，可以便利臺商調度資金。

然而這些早期法令上的限制，近年來都已逐步調整。現在臺商之所以習慣使用境外公司對外投資，主要原因還是考量當地的稅負較輕，以及財富隱密性較高。由於上述兩大誘因，讓許多企業或個人選擇遠離家鄉，轉而在老遠的海島上開一間公司，導致許多國家的稅基流失。

使用境外公司有哪些稅務風險？

經濟合作暨發展組織（OECD）與歐盟為了扭轉這個局勢，從2017年起，陸續要求英屬維京群島、開曼群島及百慕達等國家必須實施「經濟實質法」。也就是，在當地註冊登記的公司必須在當地實際營運，否則這些國家將被歐盟列入「稅務不合作黑名單」，遭受國際間的不利對待。

在境外公司「經濟實質法」上路後，長期仰賴境外公司運作的臺商確實面臨前所未有的挑戰。這幾年常聽到坊間盛傳各種因應對策，不論是在境外公司當地建立經濟實質，或是在其他國家建立經濟實質，抑或是將境外公司遷冊至其他國家並實質營運。每個方案似乎都言之有理。

但選項越多，選擇反而更難。因為對於臺商而言，無論採取何種方案都只是一個「暫時性」的選項，依舊無法擺脫國外法規瞬息萬變帶來的不確定風險。哪一天，只要國外法規一變動，臺商的境外公司又得再次搬家。

此外，我國從112年起已開始實施「受控外國企業」（Controlled Foreign Company）課稅制度。凡是我國營利事業或個人，對於設立在低稅負國家的境外公司擁有控制力時，只要境外公司未達法定的豁免門檻，即便境外公司尚未分配盈餘，法律上也會當作境外公司已經將盈餘分配回臺灣。此時，我國營利事業或個人可能就得提前繳稅。

如此一來，「開一間境外公司，把錢留在海外」就只能成追憶。

下課後，小張有點不好意思地跑來找我。他告訴我，他因為上有高堂，下有妻房，所以才想問問看老吳有沒有偏方，可以讓他不用繳稅，早日達到財務自由。

「我知道，在我們每個人心中，都有一間境外公司。」我笑著回答他。

我當然也很想現在就飛去百慕達度假，躺在沙灘上喝著啤酒，數著鈔票。

但身為一家支柱的我們，不只有責任讓自己擁有健康的身體，更有義務讓自己遠離稅務風險。

而且離得越遠越好。

精準節稅

這幾年，在境外公司「經濟實質法」（Economic Substance Act）上路後，長期仰賴境外公司投資規劃的臺商確實面臨前所未見的挑戰。

這些「經濟實質法」通常要求，凡是依據境外公司當地公司法註冊成立的公司，除非是其他管轄區的稅務居民（即在其他管轄區繳稅），否則境外公司只要從事規定的九大類活動（銀行業務、保險業務、基金管理業務、融資租賃業務、集團總部業務、航運業務、智慧財產權業務、經銷和服務中心業務，以及控股業務），都必須符合當地「經濟實質測試」（The Economic Substance Test）標準。

在「經濟實質測試」標準下，當地政府會具體檢視境外公司在當地是否以適當方式進行決策及管理（例如在當地召開董事會）、有無配置足夠且合格員工、有無產生適當的營運費用、有無安排適當的實體據點（包括營業場所或工廠、財產及設備）。

但對於純粹從事控股業務，亦即僅單純收取股利與資本利得而無其他收入的境外公司，則可適用較寬鬆的測試標準，只需要遵守當地公司法的申報要求，同時在當地有足夠員工及場所，足以持有及管理股權即可。

面對上述挑戰，各種建議方案紛至沓來，但選項越多，選擇反而更難。不論是在境外公司當地建立經濟實質，或是在其他國家建立經濟實質，抑或是將境外公司遷冊至其他國家（亦即將境外公司準據法變更為遷入國公司法）並實質營運，這些配套方案雖然可以確保臺商既有投資架構不致大幅變動，但恐怕也只是一種「鋸箭法」。因為無論何種方案，似乎都無法擺脫法規瞬息萬變所帶來的不確定風險。境外公司當地政府的執法力道、歐盟及OECD的後續態度，都將直接影響這些配套方案的後續效應。

事實上，對於大部分正派經營的企業而言，通常不是怕繳稅，而是怕「突然」要繳稅。

如何確保企業對於法律風險及稅務風險的可預測性，絕對是每位珍惜永續經營的企業家特別重視的一環。也因此，重新調整現有的投資及營運架構，將冗贅且不必要的境外公司註銷，回歸其實際管理場所當地繳稅，進而降低企業的曝險程度，也未嘗不是理性思考後的可能選項。

當國際局勢已逐步走向「經濟實質」決定論的全新局面，企業唯有順勢而為，才能讓事業經營的雪球越滾越大。

參考資料

英屬維京群島經濟實質法：Economic Substance (Companies and Limited Partnerships) Act (Revised 2020), British Virgin Islands；開曼群島經濟實質法：International Tax Co-operation (Economic Substance) Act (Revised 2021), Cayman Islands。

8-2

美味的湯底——外派人員的薪資費用如何認列？

公司外派員工在海外提供服務應該準備哪些文件，才能夠證明員工的服務與公司的營業活動具有關聯性，進而認列員工的薪資費用？

相關不等於因果

多年前我來到中部一間傳統產業P公司，為該公司的財務人員做企業內訓。P公司專門生產家電設備，從研發、生產到銷售，在同業中都表現亮眼。

課程結束時，天色已暗。在財務主管老張的邀約下，我們一起在隔壁的火鍋店用餐。

老張不只是財務高手，連烹飪也難不倒他。他一看到店家端上來的湯底，就馬上可以判斷眼前的這一鍋究竟是大骨熬煮，還是湯粉沖泡。

老張明亮的眼神看著我，嘴角上揚地對我說：「湯底是火鍋的靈魂。火鍋的食材只要好，就算是白開水，也能煮出好美味。」

就在談笑聲中，我隨口問老張：「公司最近應該沒有遇到什麼稅務問題吧？」

「其實有的，最近我們公司在申報外派人員的薪資費用時，被國稅局給全數剔除，目前還在行政救濟中。」

我請老張告訴我來龍去脈。原來是P公司在臺灣有研發部門，P公司自行開發新模具，同時負責家電設備的生產與銷售。90年以後，P公司考量國內生產成本大幅提升，因此改委託中國廠商R公司生產產品，P公司則轉型以銷售原物料及製成品為主。

P公司一旦接獲客戶訂單，旋即向原物料供應商採購原物料，先銷售給位於第三地的關係人Q公司，再由Q公司銷售給中國的R公司供其生產。R公司製造完成後，也同樣經由Q公司，將製成品回銷給P公司。

之所以會有Q公司的安排，主要是因臺商投資中國，早期礙於法令限制，只能採取間接投資方式；但臺灣地區與大陸地區人民關係條例在91年修正，現在投資中國，在一定條件下可以彈性選擇直接或間接投資方式。

「法令都已經修改，P公司為何還要這麼麻煩，中間經由Q公司轉手？」

「這麼多年，都已經習慣，很難再改回直接投資了。」

根據老張的說法，R公司屬P公司的代工廠性質。P公司在臺銷售產品，必須對買方負擔保固責任，因此R公司必須依照P公司提供的產品規格及需求生產產品。P公司因而派人協助中國的R公司設計符合需求的產品，並監控生產的品質。然而P公司外派人員的薪資費用，國稅局卻否准認列。

「這也難怪。P公司外派人員的服務對象是中國的R公司。要如何證明外派人員的薪資費用與P公司的營業活動有關？」我放下手中的筷子，好奇地詢問老張。

「可以啊！R公司實際上是以較高的價格，透過Q公司向P公司採購原物料；又以較低的價格，透過Q公司出售製成品給P公司。所以，P公司外派人員提供的服務，確實對P公司的營業活動有貢獻。」老張語氣響亮，目光堅定地看著我。

「老張，相關不等於因果。P公司營收增加的原因很多，但未必和外派人員提供的服務有因果關係。」

P公司支付給外派人員的薪資如要列為營業費用，就必須有來自外部第三人的憑證可以證明，這些費用的支出確實對營業活動有實質貢獻。例如P公司與R公司間，是否有約定分享R公司營業活動成果的民事契約或履約證明文件。

「我可以理解，P公司要為在臺銷售的產品負最終保固責任，因而有必要派人赴中國監督R公司的生產活動，但你至少要把彼此的權利義務講清楚。例如兩間公司是否約定，以R公司產品發生瑕疵的頻率，做為P公司請求違約金給付的依據等違約條款。」唯有如此，才可能讓「P公司員工的海外服務，與P公司的營業活動間具有關聯性」此一待證事實，清楚地被刻劃出來。

「陳老師，你們講的只是理論，而且理想性格太高了，我們實務運作不是這樣子的。企業經營要務實，不可能每件事都要求有書面契約和外來憑證。」

企業經營的好湯底

我苦笑地低下頭來，看著老張的那一鍋火鍋，湯頭似乎已經見底。

我知道，老張只是單純想和我分享P公司遇到的稅務困境，而未必真正想要根治現行營運模式會遇到的問題。我也客隨主便，閒話家常地結束那頓晚餐。

三個月後，我無意間在網路上看到P公司的判決出爐，法院依舊維持國稅局否准認列的立場。法院進一步認為，P公司既然是營利事業，在商業活動與稅捐稽徵上，原本就有取得並保存合法外來憑證的義務。一旦違反此項義務，會導致P公司的財務資訊無法完整揭露。P公司不能跳過此項商業活動的基本義務，卻轉而要求稅捐稽徵機關只以P公司年度的進銷狀況，就間接推論「外派人員的海外服務確實用於支援P公司的營業活動」。

每次經過火鍋店，我都會想起P公司的案件。對於P公司而言，真正的風險倒不在本案的薪資費用是否被剔除，而在公司治理的意識尚未完全建立。

我們都期待政府對企業的課稅既合法又公平，但這必須建立在企業應老老實實地遵守公司治理應盡的義務之上。

那晚的火鍋宴之後，我還沒有機會遇到老張。

如果有機會，我其實很想告訴他：「我們琅琅上口的公司治理，其實就是企業經營的湯底。」

「任何企業不論規模大小，只要有健全的公司治理，就算是素人來經營，也能煮出一鍋好美味。」

精準節稅

依據現行司法實務，我國所得稅法制關於營業費用的認列，原則上應遵循以下三個標準：

1. 費用真實性：企業就特定費用確實有支出的事實。

2. 費用必要性：企業支付特定費用所取得的對應服務，確實用於支援企業營業活動的進行。

3. 費用合理性：企業為取得對應服務所支出的營業費用，至少應小於該服務對企業營業活動的貢獻程度，且與市場行情相當。

本案關鍵在於，P公司針對「費用必要性」的證明缺少合法的外來憑證，以確定P公司支付外派人員薪資費用所取得的對應服務，確實用於支援P公司的營業活動。

早期囿於兩岸法令限制甚多，導致臺灣企業赴中國投資設廠時，其關係企業間的法律架構，經常無法滿足公司治理的要求，例如欠缺合法的外來憑證，以如實表彰當事人間的權利義務。

但在91年以後，臺商赴中國投資的限制條件已大幅鬆綁，企業的法規遵循成本也顯著降低。原本扭曲的企業經營型態與帳務處理方式，就應該儘速回歸正常的商業會計模式。任何著眼於成本考量或便宜行事的陋習，恐怕都經不起稅捐行政與司法實務的嚴格檢驗。

因此，建議企業未來在交易過程中，應嚴格遵循公司治理原則，例如取得並保存合法的外來憑證。特別是在跨境交易的場域，各國稅捐稽徵機關通常會有較為強烈的監管需求，使得未經法制化的交易慣例或陋習難以再被承認。

再好喝的湯底，都需要不斷加清湯，才能保持鮮味。

過去那一套，也需要不斷調整步伐，才能跟上監管的腳步，避免觸法。

參考資料

最高行政法院100年度判字第213號判決、最高行政法院95年度判字第291號判決。

8-3

你賣的貨打哪來？——網路購物的稅務問題

你曾經在網路上買到仿冒品嗎？而且還是從國外進口的仿冒品？如果有，這篇故事就是為你而寫。

漂洋過海來的乳液

在市場旁的巷弄裡有一間專門販賣美容產品的小店，生意好得不得了。不管是誰光臨，老闆貝蒂總是帶著陽光般的笑容和你噓寒問暖。在她店裡，不管是吃的、喝的、擦的、貼的，只要是可以對抗歲月如梭和地心引力的產品，都可以找到最便宜的價格。

然而，有一天貝蒂卻收到一張海關寄來的罰單，上面記載著：「貝蒂報運進口貨物，且該貨物非屬真品平行輸入，侵害他人商標權。」也就是海關認定貝蒂從大陸進口一批乳液，且該乳液為仿冒品，因而對貝蒂處以罰鍰，同時沒入該批乳液。

此外，貝蒂進口仿冒品的行為還不只是單純被罰錢及沒入貨物而已。因為依照商標法規定，凡是打算販賣（而非自用或餽贈他人）而自國外或大陸地區輸入仿冒品，即便還沒賣出貨物，依舊可能有刑事責任。

但奇怪的是，貝蒂賣的乳液明明是從網路上找到的上游廠商進貨而來，網頁上寫著「原廠公司貨」。廣告上印的公司所在地也確實是臺灣的地址。此外，廠商提供的電子郵件更是代表臺灣的「tw」。從這些客觀資訊來看，貝蒂當然會認為這些乳液應該就是從臺灣的地址寄出。

換句話說，貝蒂根本不知道，原來她向廠商購買的乳液居然是從大陸進口到臺灣。因此，貝蒂在接受航警局訊問時氣憤地表示，這些乳液根本不是她進口的，她從來沒有從大陸進口貨物到臺灣。

從法律上來看，當海關要處罰一個違反進口規定的行為人時，最起碼也應該是這個人在主觀上可以認識到，他所購買的貨物實際上是從國外進口。因為有責任，才有處罰。當行政機關要處罰一個行為人時，至少應該以違規的行為人知道自己的行為是不對的，而且對於這個不對的行為，主觀上明知或疏於注意。換句話說，單純客觀上有違規行為還不夠，還必須是行為人主觀上對該違規行為有故意或過失，行政機關才可以處罰。

在貝蒂的個案中，海關雖然不否認他們在處罰違規行為人時，確實應該去認定行為人有故意或過失；但海關卻認為，當貝蒂在網路平台看到廣告，並透過通訊軟體向業者購入價格顯然低於真品市價的乳液時，就應該要意識到這些貨物可能涉及仿冒品。

此外，貝蒂既然從事販賣美容產品的相關業務，就應該比一般消費者有更高的注意義務。因此，即便貝蒂主觀上可能不知道這批貨物是進口的，但她之所以不知道，是因為她違反注意義務使然。白話地講，海關認為，貝蒂在訂購當時就應該向賣方查證，她所訂購的貨物是否是從國外進口來臺。貝蒂沒有去確認貨物的來源，就是未善盡注意義務，也就是有過失。

但海關上述看法，真的符合我們日常生活的消費經驗嗎？

法律，不應苛求於人

舉例來說，假設我今天在實體商店看上一款藍芽耳機，如果店家告訴我目前沒有現貨，並表示他可以幫我調貨，再直接寄送給我。依照一般的經驗法則，我只要留下正確的姓名及地址，就可以順利收到貨物。

如果說，此時法律還要求我必須盡到一個額外的注意義務，也就是我必須意識到，這款藍芽耳機實際上有可能是從國外進口來臺。因此我必須向店家確認：你這款藍芽耳機到底是從國外寄給我？還是從國內寄給我？一旦我沒有向店家確認，日後我就會被認定有海關緝私條例的違章行為。

問題是，這樣的注意義務真的符合我們日常生活的消費經驗嗎？

同樣地，貝蒂在網路上訂購乳液再行販售，確實應該要注意貨物的來源。但貝蒂看到廠商刊登的廣告，已經明確註明公司所在地在臺灣。廠商提供的電子郵件地址也的確是代表臺灣的「tw」。這些明確的資訊，都已經可以讓貝蒂確信，她所訂購的乳液應該是從臺灣出貨給她。

此時如果還要求貝蒂必須再去查證，這批乳液確實不是從國外進口來臺。這樣的注意義務不僅太過嚴苛，日後消費者在網路上購物，並以郵寄方式收受貨物時，就有可能因違反注意義務而涉及海關緝私條例的違章行為。

所幸貝蒂在歷經一年多的行政訴訟後，法官最終採取上述觀點，同意撤銷對貝蒂的罰鍰及沒入處分。

法律，不應苛求於人。如果法律課予人民的義務難以期待人民遵守，這樣的法律不值得人民尊重，當然也就喪失要求人民遵守的正當性。

但理想與現實總是有差距。這個判決的效力最多也就只及於貝蒂的個案，沒有人可以保證不會有下一張苛求於人的罰單出現。

所以，不論你對法治國的理想有多麼遠大的憧憬，我都會建議你，未來在網路上購物時，請記得多問一句：「你賣的貨打哪來？」

精準節稅

依據海關緝私條例第39條之1規定：「報運之進出口貨物，有非屬真品平行輸入之侵害專利權、商標權或著作權者，處貨價一倍至三倍之罰鍰，並沒入其貨物。但其他法令有特別規定者，從其規定。」又依據行政罰法第7條第1項規定，對於違反行政法上義務的行為，必須是行為人主觀上出於故意或過失始得處罰。因此，當事人從網路上購買貨物，如事後被認定違反海關緝私條例第39條之1規定時，仍應以當事人有故意或過失為其責任條件。

其中「過失」要求的注意程度，原則上應依社會通念，以「謹慎且認真之人」為標準，除非當事人依法應具備「特別的知識或能力」，才有必要相對地提高其注意標準。

至於注意義務的範圍，應以「違反行政法上義務的構成要件事實」為限。換言之，當事人至少要有可能去認識，他所購買的貨物是從國外進口來臺，才會有「能注意而不注意」的過失。然而在本案中，貝蒂既然沒有報關或委託報關，自然也就沒有違反注意義務的過失可言。

然而應注意的是，依據目前實務見解，倘若當事人本身就是以進出口為業，其對於進口貨物通關流程理當較為熟稔；關於商標及標示的辨識程度，應該具有比一般社會大眾及消費者還要更高的敏銳度。故此時，進口人對於進口貨物是否非屬真品平行輸入，就應該盡到「業務上的注意義務」。換言之，進口人在貨物進口報關前，即應主動向出口人或商標權人確認、查證，再行申報，以免因違反注意義務而受罰。

此外，貨物如確實從國外進口到臺灣，進口人也應注意以下三點：

首先，進口郵包物品的發票，應主動隨附於郵包外箱或箱內供海關查核，以避免海關事後另以書面通知收件人檢送發票查驗（➔郵包物品進出口通關辦法第5條），反而麻煩。

其次，進口郵包物品完稅價格在新台幣2,000元以內，免徵關稅、貨物稅及營業稅。但交同一收件人的郵包物品如次數頻繁（即同一收件人於半年內進口郵包物品免稅放行逾6次），將不再適用免稅規定（➔郵包物品進出口通關辦法第12條）。

此外，郵包物品如屬應實施檢驗、檢疫品目範圍或有其他輸出入規定時，應先依各該輸出入規定辦理（詳細內容可至「貿易局貨品分類及輸出入規定系統」查詢），亦即應先取得主管機關的同意文件後，始得通關放行（➔郵包物品進出口通關辦法第13條）。

透過網路交易雖然縮短了時間與空間，卻增加了交易成本。不論你是否從事進出口業務，唯有善盡你的注意義務及查證義務，才能遠離不確定的稅務風險。

畢竟，每個人終究只能在自己能力所及的範圍內盡力而為，不是嗎？

參考資料

智慧財產及商業法院111年度行他訴字第2號判決、智慧財產及商業法院111年行他訴字第1號判決、智慧財產法院109年度行他訴字第1號判決、臺北高等行政法院105年度簡上字第75號判決。

節稅力9

跟緊潮流

在全球化的年代，沒有一個國家是課稅的孤島。

9-1

你真的以為神不知，鬼不覺——跨國租稅資訊交換

在全球化的浪潮下，透明度就像是日益增強的超能力。它能穿透最隱祕的金融帳戶，揭露那些被精心隱藏的祕密。

詠春拳打不過CRS！

葉間是我大學的同窗好友，主修農產運銷，副修詠春拳，一畢業就開了一間農產運銷公司（A公司）當老闆，投入水果批發業，把臺灣好吃的水果外銷海外。不論是鳳梨、荔枝、芒果或文旦，只要經過他的巧思，總是能輕鬆讓外國人買單。10多年前，他的公司就已經在海外到處設立據點，且同時置產。他也因此邁向財務自由的人生。

前陣子我們在同學會上再度相遇。他從報章媒體得知，這幾年國際間逐漸興起一股反避稅浪潮。由於他個人及公司在中國、日本、德國與英屬威京群島（BVI）都有資產與所得，葉間開始擔心，臺灣的國稅局會不會查到他個人及公司在海外的財產狀況。

「知道了又怎樣，只要誠實繳稅，讓國稅局知道也沒關係

啊！」我笑著回應他。

在國際間，有關金融帳戶的資訊交換主要依循經濟合作暨發展組織（OECD）所發布的「稅務用途金融帳戶資訊自動交換準則」與「共同申報準則」（Common Reporting Standard，簡稱CRS）。在CRS的運作下，金融機構會依據國內的CRS法令，對其管理的金融帳戶進行盡職審查，並於審查後向稅捐稽徵機關申報金融帳戶資訊，再由租稅協定主管機關每年定期將該帳戶資訊，自動交換給租稅協定夥伴國的主管機關。目前國際間已經有100多個國家或地區承諾實施這套「國際版CRS」。

我國由於外交上的特殊性，難以加入「國際版CRS」，只好以「國際版CRS」為參考範本，另行制定「金融機構執行共同申報及盡職審查作業辦法」，亦即「臺版CRS」。再以「臺版CRS」為號召，在雙邊租稅協定的基礎上，與協定夥伴國簽署「主管機關協定」，進行稅務用途金融帳戶資訊自動交換。目前已簽屬的國家有日本、澳洲與英國。

換言之，葉間與A公司在日本的金融帳戶資訊，就有可能定期被自動交換回到臺灣。

「齁，還好我大部分的資產不在日本！」葉間苦笑地看著我。

我一手搭著葉間的肩膀，轉過頭，小聲地告訴他：「躲得過臺版CRS，恐怕躲不過更嚴格的國際版CRS，特別是在中國！」

不少臺商習慣把海外的利息、股利、權利金收入或金融資產處分收入，放在英屬維京群島（BVI）的公司帳戶裡。但由於中國適用的是「國際版CRS」，因此這些在BVI的稅務資訊，未來將無所遁形，全部都會被交換到中國去。眾所周知的是，中國的稅捐稽徵機關查稅力道向來不手軟，臺商在當地的稅務風險恐怕只會更勝以往。

鵲巢鳩占無人知？

「那我和A公司在德國有資產及所得這件事，總不會被交換回到臺灣來吧！」葉間一臉沮喪地看著我。

其實除了上述3個與我國簽署「臺版CRS」的國家之外，原本就和我國締結避免雙重課稅協定的國家（截至112年底總計35國），依據租稅協定中的資訊交換條款，在雙方互惠原則的前提下，也可以和我國進行租稅資訊交換。

至於租稅資訊交換的方式，除了傳統的「個案請求」以外（指締約一方主管機關就個別案件，請求另一方主管機關協助蒐集相關稅務資訊），也包含「自發提供」（指締約一方主管機關，即便未獲另一方主管機關請求，仍主動提供稅務資訊給對方）與「自動交換」（指締約雙方主管機關依約定，定期批次提供稅務資訊給對方）。對納稅義務人的影響層面既深且廣。

「德國雖然沒有和我國簽署臺版CRS，但依舊是我國的租稅協定國。透過既有的租稅資訊交換機制，德國政府還是有可能自發地將你和A公司的稅務資訊交換回到臺灣來。」我趕緊提醒葉間。

實務上，在所有自發提供租稅資訊給我國政府的締約國中，又以德國、荷蘭與紐西蘭三個國家最為積極。

「但我在金融機構的財產狀況應該是我的隱私啊，金融機構怎麼可以任意將我的資料外洩？」葉間用抱怨的口吻看著我。

其實早在2016年，一份由國際調查記者聯盟（ICIJ）所揭露，記載著全球許多政商富豪名流逃漏稅的「巴拿馬文件」（Panama Papers）曝光後，各國政府為了自清，紛紛主動宣示，未來也要加入全面防堵跨國間逃漏稅的行列。

此後有關金融機構客戶的資訊隱私權，就不再是逃稅者的保護傘。許多國家開始透過立法，要求金融機構應配合提供資訊，不得規避、妨礙或拒絕，且不受銀行法及其他相關法律有關保密規定的限制。我國為了與國際稅務資訊透明標準接軌，自然也不例外。

我回過頭，看到葉間的眉頭深鎖。他的煩惱從臉上每一條紋路滲透出來，像是一張糾結的地圖。

「你知道嗎？有種鳥兒叫做布穀鳥。」我決定開口打破沉默，「牠們很聰明，會把蛋產在其他鳥兒的巢裡。但最終，那些被欺騙的鳥兒總會發現。」

「你的意思是指？」葉間打斷了我的話。

「即使是布穀鳥，也有被揭穿的一天。」我微笑地看著葉間，「你真的以為神不知，鬼不覺？」

葉間愣了愣，五秒鐘後突然一陣大笑，笑聲中帶著幾分解脫。

在這個全球化的世界裡，資訊就像空氣一樣無所不在，無法隱藏。但不論是水果生意或是稅務問題，最好的策略永遠都是「透明」與「誠實」。

葉間站起身來，拍拍我的肩膀。「老哥，感謝你，讓我清醒了不少！」

我們兩人相視而笑。

精準節稅

為因應國際間日益提升的資訊透明標準，同時賦予我國政府可以和其他國家進行稅務用途的資訊交換，立法院在2017年6月增訂稅捐稽徵法第5條之1，做為我國與其他國家相互提供資訊交換及稅務協助的法源依據。

依據該條規定，「財政部得本互惠原則，與外國政府或國際組織商訂稅務用途資訊交換及相互提供其他稅務協助之條約或協定，於報經行政院核准後，以外交換文方式行之。」亦即，財政部無須事先經過立法院的審議程序，即可在報經行政院核准後，直接以外交換文方式為之。

但締約他方如果有下列情形之一時，財政部即不得與其進行資訊交換：「一、無法對等提供我國同類資訊。二、對取得之資訊予以保密，顯有困難。三、請求提供之資訊非為稅務用途。四、請求資訊之提供將有損我國公共利益。五、未先盡其調查程序之所能提出個案資訊交換請求。」

再者，對於應另行蒐集的資訊，財政部或其授權的機關得向有關機關、機構、團體、事業或個人進行必要的調查，或通知其到場備詢，要求其提供相關資訊。應配合提供資訊之人，不得規避、妨礙或拒絕，且不受稅捐稽徵法及其他法律有關保密規定的限制。對於規避、妨礙或拒絕調查或備詢者，或未應要求或未配合提供有關資訊者，財政部或其授權的機關得裁處新台幣3千元以上30萬元以下罰鍰。

此外，對於應自動或自發提供締約他方的資訊，有關機關、機構、團體、事業或個人應配合提供相關的財產、所得、營業、納稅、金融帳戶或其他稅務用途資訊；應進行金融帳戶盡職審查或其他審查的資訊，也應該在審查後提供。對於違反金融帳戶盡職審查者，由財政部或其授權的機關處新台幣20萬元以上1千萬元以下罰鍰。

最後應注意的是，即便是國際間交換的CRS資訊，依舊無法直接用於課稅；它只能做為稅捐稽徵機關評估逃漏稅風險及選案時的參考依據。

參考資料

稅捐稽徵法第5條之1、第46條之1；租稅協定稅務用途資訊交換作業辦法、金融機構執行共同申報及盡職審查作業辦法。

9-2

我等著你回來——新上路的CFC稅制

以前，企業透過境外公司在海外獲利的資訊，國稅局就算想看也鞭長莫及，未必看得到。

但現在，企業得將這些資訊誠實記載在每年5月的稅捐申報書中，甚至提前繳稅。如有違反，輕則補稅，重則處罰。面對這個全新的挑戰，企業該如何因應？

你們公司也有CFC嗎？

半年前，我來到北部一間餐飲集團T公司，為該公司的主管們講授稅務課程。T公司已經成立20年，但從董事長到各級主管，每一位都像第一天上班的新鮮人一樣充滿活力。T公司上櫃還不滿10年，品牌門市已經遍布全球六大洲。

當天講授的主題正是112年剛上路的「受控外國企業」（Controlled Foreign Company，簡稱CFC）稅制。在CFC稅制實施前，我國營利事業經常藉由在低稅負國家或地區成立欠缺「實質營運活動」的CFC。再透過對CFC的控制力，影響該CFC的盈餘分配政策，將原應歸屬我國營利事業的利潤保留不分配，以達到遞延稅負的效果。

但在CFC稅制實施後，我國營利事業只要持有符合定義的CFC，且該CFC不符合「豁免規定」，即便CFC尚未分配當年度盈餘，法律上依舊視同已經分配。我國營利事業應按其直接持股比率認列CFC投資收益。所謂的「豁免規定」是指CFC於所在地有「實質營運活動」，或符合「微量門檻」（即CFC當年度盈餘在700萬以下）。

課程開始不到10分鐘，負責國際業務的經理李歐很快地舉手發問，「我們有間境外公司，是由T公司與其他關係企業合資經營，T公司對該境外公司的持股未過半，是否就不算CFC ？」

「這要視情況而定。因為CFC有兩種類型：一種是營利事業及其關係人直接或間接對境外公司持股50%以上；另一種則是對境外公司在人事、財務及營運政策上具有主導能力。你講的個案，有可能屬於第二種類型。」

「原來除了股權控制的類型外，還有實質控制的類型！」

反應快的李歐手一放下，又馬上舉起，「那如果T公司在年底前先轉讓部分持股，讓T公司對CFC的持股低於50%，隔年再把股權轉回來，不就可以迴避持股50%的門檻要求？」

「當然不行！如果這樣移轉股權也可以，CFC稅制的立法目的就很容易落空。因此財政部認為，此時要以T公司當年度持有境外公司股權比率最高的那一天，認定有無符合CFC。」

「還有這種防弊條款喔，財政部果然不是省油的燈！」李歐搔搔後腦勺，微笑地看著我。

這時負責亞太事業的副理路易莎，右手指著牆上的簡報內容，回頭看著我，「CFC一般是指在低稅負國家或地區的境外公司，例如：英屬維京群島、開曼群島等。所以我們集團在新加坡、越南的境外公司，都不算CFC囉？」

所謂的「低稅負」，原則上是指當地國的法定稅率，未超過我國營利事業所得稅稅率（20%）的70%，亦即未超過14%。一般對「低稅負」的理解，通常是指在當地繳的稅較少。稅要繳得少，除了稅率較低的因素以外，也可能是課稅範圍較小。例如當地僅就「境內來源所得」課稅（亦即採「屬地主義」，例如新加坡），或對特定區域或特定類型企業適用特定稅率或稅制者（例如越南的「4免9減半」），以至於實際繳得稅較少。此時，依舊有CFC的適用。

「你們集團在新加坡的公司肯定是T公司的CFC，但如果是越南公司，就要看當地政府給臺商的優惠夠不夠力。」

「但我們新加坡的境外公司在當地公開發行且上市，難道也符合CFC嗎？」

「有沒有上市不是審查重點！」

即便CFC在我國或其他國家公開發行且上市，但具控制力的股東還是可以透過股利政策的操縱，將盈餘保留在CFC不分配。因此財政部才會規定，不會因為CFC公開發行且上市就排除適用。

一起算還是分開算？

下半堂開始，終於輪到總經理黛比發言。

「如果CFC當年度盈餘在700萬以下，即可符合豁免規定，那我們多成立幾間CFC，讓每一間的年度盈餘都控制在700萬以下，不就可以解套了？」

「不行不行，財政部為避免企業取巧，已經規定必須全部CFC當年度盈餘在700萬以下，且個別CFC當年度盈餘也在700萬以下，才符合豁免規定！」

「所以要合併觀察！但如果要合併觀察，有些CFC當年度有盈餘，有些CFC只有虧損，這些賺錢的CFC與虧錢的CFC，不就可以合併適用盈虧互抵囉？」我趕緊提醒黛比。

「不行耶！在計算投資收益時，不同CFC之間不能適用盈虧互抵。」

頭腦清楚的黛比滿臉疑惑地看著我，「在審查微量門檻時，不同CFC的年度盈餘要合併計算；但在計算投資收益時，不同CFC的盈餘與虧損卻不能適用盈虧互抵。這樣的邏輯，通嗎？」

我嘴角勉強上揚，尷尬地看著黛比，「我知道，在審查微量門檻時採取合併觀察法，但在計算投資收益時卻採個別觀察法。這樣的邏輯似乎很難自圓其說！」

「只能說，每一項稅制的設計都有它特定的政策目的。個別觀察法應該還是原則，至於微量門檻之所以會輔以合併觀察法，主要是為了避免營利事業藉由成立多間CFC以分散盈餘的弊端發生。」

此時，原本一直低調觀察同事們表現的董事長艾瑞克也加入討論，「幾十年來都沒事，現在政府好像要透過CFC稅制來對企業加稅！」

事實上，CFC稅制不算是一種加稅措施，它只是將CFC當年度盈餘提前課稅，等到未來CFC實際分配盈餘時，就不再重複課稅。

我看著艾瑞克，輕鬆地打趣道：「T公司的餐飲遍布全球六大洲。能力越大，責任越大。政府應該是期待你們，在國外一有獲利就早點回來啊！」

我的話都還沒說完，同事們就開始你一言我一句地踴躍參與討論。正當大家交流得正起勁時，白光阿姨的歌聲突然在會議室裡迴盪了起來：

「我等著你回來，我等著你回來；
我想著你回來，我想著你回來；
等你回來讓我開懷，等你回來讓我關懷。」

精準節稅

事實上，早在105年，為配合經濟合作發展組織（OECD）所提出的「防止稅基侵蝕與利潤移轉」（BEPS）第3號行動計畫，我國稅法中就已經有CFC課稅制度，包含「營利事業CFC稅制」（➔所得稅法第43條之3）與「個人CFC稅制」（➔所得基本稅額條例第12條之1），只是尚未施行。

有關營利事業CFC稅制的適用，可以依循下列步驟進行審查：

（一）判斷境外公司是否符合CFC

1. 控制力的判斷：營利事業及其關係人，直接或間接持有在我國境外低稅負國家或地區的關係企業股份或資本額，合計達50%以上（股權控制型）；或對該關係企業具有重大影響力（實質控制型），該境外關係企業即為CFC。
2. 低稅負國家或地區的判斷：指關係企業所在國家或地區有下列情形之一。

（1）法定稅率不超過14%。

（2）僅就境內來源所得課稅，境外來源所得不課稅或於實際匯回始計入課稅。

（3）對特定區域或特定類型企業適用特定稅率或稅制，以至於在當地稅負過低。

3. 豁免門檻的判斷：CFC如符合下列要件之一，即可排除適用。

（1）CFC於所在地國家或地區有「實質營運活動」。

（2）個別CFC及全部CFC當年度盈餘均在700萬元以下。

（二）計算CFC投資收益

營利事業認列CFC投資收益＝〔CFC當年度盈餘－依CFC所在國家或地區法律規定提列的法定盈餘公積或限制分配項目－以前年度（自112年度開始）核定各期虧損〕x直接持有比率x持有期間。

（三）消除重複課稅

1. 已依規定認列CFC的投資收益，以後年度實際獲配股利或盈餘時，不再計入所得額課稅。

2. 已依所得來源地稅法規定繳納的股利或盈餘所得稅，在認列投資收益年度申報期間屆滿的翌日起5年內，可申請扣抵或退稅。

3. 計算處分CFC股權損益時，可減除已認列投資收益。

面對已經上路的CFC稅制，了解越多，傷害越少。

當然，不再使用CFC，也可以是一個選項。

參考資料

所得稅法第43條之3、營利事業認列受控外國企業所得適用辦法、營利事業認列受控外國企業所得審查要點、營利事業受控外國企業（CFC）制度疑義解答。

9-3

鞠躬盡粹的鮭魚——海外資金回臺如何繳稅？

這兩年，在企業內訓的董監事進修課程中，最常被點名的主題之一，就屬海外資金如何回臺。當然，老闆們關心的倒不是海外的錢要如何匯回臺灣（這得洽詢往來銀行業辦理），而是這些匯回臺灣的錢到底要不要繳稅？以及該繳多少稅？

不是每一塊錢都要繳稅

幾個月前，我前往北部一間從事紡織纖維業的P公司授課。P公司的集團總部隱身在人煙稀少的巷弄裡。走進辦公室，映入眼簾的沒有一般集團總部的氣派門面，只有簡約樸實的裝潢。如果不說，你應該很難想像它已經是一間上市近20年的老牌企業。

這幾年環保意識抬頭，全臺紡織廠為爭取國際品牌廠的訂單，搶攻環保商機，無不使盡全力投入新品研發，P公司自然也不例外。但公司想從事研發，還得看公司的口袋有多深，才能決定投入多少資金。

在課程一開始，P公司的董事長張董直言不諱地向我表示，他有意將兒女名下的部分海外資金匯回臺灣，以支持公司的研發項目。但張董又擔心可能需要支付大筆稅款，一直猶豫不決。

「張董，目前政府大力倡導海外資金回流臺灣，口號就是：『境外資金回臺灣，鮭魚返鄉好安心！』」

「海外資金回臺，可以不用繳稅？」

「不不，你還是得先過五關，才能判斷是否需要繳稅！」

「哪五關啊？」張董好奇地看著我。

第一，適用主體必須是中華民國境內居住的個人（居住者）。如果是非居住者，由於不適用所得基本稅額條例，也就無須就其海外所得計入「基本所得額」，進而申報繳納「最低稅負」（即基本稅額）。

「我的小孩除了寒暑假在國外遊學，其他時間都待在臺灣。」張董的頭微微揚起，輕鬆自在地說著。

第二，海外資金屬於「所得」性質。個人將資金配置於境外，其構成因素及來源眾多，並非皆屬所得性質。海外資金如非屬所得性質，例如：境外投資股本或財富管理本金的收回、撤回原本預計在境外投資的資金、國際貿易存放於境外的資金、向境外金融機構的借款，及處分境外財產非屬增值部分等，由於非屬「海外所得」性質，因而排除「最低稅負制」的適用。

相反地，個人如在境外從事各項投資、營運活動或提供勞務等所取得的所得，例如：獲配境外被投資企業盈餘或股利、提供勞務取得所得及處分境外資產產生所得等，就應該在獲配時、取得時及處分時，依規定適用所得基本稅額條例，申報納稅。

「所以我得要逐筆檢視，哪些海外資金屬於所得性質！」張董手指揉頭，皺眉思考著。

還要我等多久

第三，海外所得必須在核課期間內，一旦超過核課期間則無須繳稅。稅捐的核課期間原則上為5年，但如納稅義務人未於規定期間內申報，或故意以詐欺或其他不正當方法逃漏稅捐時，其核課期間延長為7年。

「所以我這幾年的海外所得還在核課期間內，還是得繳稅！」張董嘴角下垂，重重地嘆了口氣。

第四，依所得基本稅額條例計算後，須繳納基本稅額，卻又未曾申報繳稅者（如已申報繳稅，則無須再為繳納）。

「這樣聽起來，還是得實際試算，才知道要不要繳稅！」

第五，也是最重要的，這些海外資金當初到底如何進到張董兒女的海外帳戶？究竟是贈與？或是分散所得？

「如果是贈與，張董是否已經繳納贈與稅？」

「沒有啦！那些錢都是我的。」

「如果是這樣，那些海外資金，就是張董當年利用小孩的名義分散所得，恐怕就有……」

「恐怕就有什麼？」

「恐怕就有涉及逃漏稅捐罪的風險！」

「你不是說最多追7年嗎，那些錢都是我10年前安排的，早就超過時效了。」

「沒有喔！本稅及罰鍰確實是7年沒錯，但如果是逃漏稅捐罪，其追訴權時效則長達20年。」

「此外，只要還在追訴權時效內，即便已經超過稅法上7年的核課期間，法院依舊可依刑法沒收犯罪所得！」

張董聽完我的話瞪大了雙眼，雙手輕輕捂住額頭，久久間難以發出一語。這一刻，整個會議室的氛圍變得沉重而凝結。

10秒鐘後，張董清一清喉嚨，抬起頭，微笑地看著我說：「所以政府取這個鮭魚返鄉實在很不吉利。你去看，返鄉產卵後的鮭魚全部都死了了！我海外的錢又怎麼敢拿回來！」

一瞬間，同事們緊繃的臉部肌肉也都放鬆下來。原本寂靜的辦公室只剩下不絕於耳的歡笑聲。

精準節稅

隨著「境外資金匯回專法」（境外資金匯回管理運用及課稅條例）在110年8月16日截止適用，目前個人匯回海外資金應否補報及補繳基本稅額，原則上依循財政部108年1月31日台財稅字第10704681060號令的相關說明。

首先，個人必須是我國境內的「居住者」。這包含以下兩種類型：（1）在中華民國境內有住所，且經常居住在中華民國境內（自102年1月1日起，指於一課稅年度設有戶籍，且有下列情形之一者：A. 當年度居住滿31天。B. 當年度居住1天以上未滿31天，其生活及經濟重心在境內）；（2）在中華民國境內無住所，但於一課稅年度居留滿183天。

其次，海外資金屬於「所得」性質。因此，對於海外投資本金或減資退還款項、借貸或償還債務款項、金融機構存款本金、財產交易本金，及其非屬海外所得性質的資金，即無須補報及補繳所得基本稅額。

再者，海外所得尚未逾越稅捐稽徵法第21條規定的核課期間（原則5年，最長7年）。

此外，計算後須繳納基本稅額，卻又未曾申報繳稅者。依所得基本稅額條例規定，個人99年度起取得的海外所得須同時跨越以下三項門檻，才須繳納基本稅額：

（一）一申報戶全年海外所得達100萬元時，其海外所得應全數計入基本所得額；如未達100萬元時，其海外所得無須計入基本所得額。

（二）一申報戶基本所得額（綜合所得淨額＋海外所得＋特定加計項目）超過670萬元。

（三）基本稅額〔（基本所得額－670萬元）× 20%〕大於綜合所得稅一般所得稅額（113年度起，基本所得額免稅額度調整為750萬元）。

此外，個人如有取自大陸地區來源所得，該筆大陸地區來源所得應併同臺灣地區來源所得課徵所得稅。

境外所得如有應納基本稅額或所得稅的情形，海外所得在所得來源地已繳納的所得稅，或大陸地區來源所得已於大陸地區繳納所得稅，可依規定自個人基本稅額或所得稅應納稅額中扣抵，以消除重複課稅。

最後，這些海外資金，當年如涉及親屬間的贈與，除已逾越7年的核課期間外，當事人是否已繳納贈與稅？

此外，如有利用他人名義分散所得，依據財政部訂頒的「稅捐稽徵法第41條所定納稅義務人逃漏稅行為移送偵辦注意事項」第5點規定，即有可能涉及稅捐稽徵法第41條的逃漏稅捐罪。此時，刑法上的追訴權時效則長達20 年（刑法第80條第1項第2款）。只要還在追訴權及沒收時效期間內，法院也可能將相當於逃漏的稅額追徵入司法國庫。

「海外資金」不等同「海外所得」。

「海外所得」也未必要繳稅，因為逾越核課期間的「海外所得」即無須繳稅。

縱使未逾越核課期間，「海外所得」也還是可能不用繳稅。因為個人基本稅額有課稅門檻，且境外「已納稅額」可扣抵「應納稅額」。

所以，仔細試算後，把海外的鮭魚帶回家，也未必需要鞠躬盡粹，愛國繳稅。

縱使有繳稅或處罰的問題，只要未經檢舉、未經調查前，主動補報補繳稅款，依舊可以加計利息免罰（➔稅捐稽徵法第48條之1）。

最怕的是消極逃避，抱持著應該不會被查獲的心態，以至於錯過補稅免罰的黃金期，那就真的得不償失了。

參考資料

財政部108年1月31日台財稅字第10704681060號令、最高法院108年度台上字第4058號刑事判決、稅捐稽徵法第41條所定納稅義務人逃漏稅行為移送偵辦注意事項。

節稅力 10

畫清界線

無論再怎麼靠近，都不要涉入別人的領域，請專注自己的課題。

10-1

你的公司真的是你的公司？——股東與公司間的往來

當我還是員工時，老闆常對我說：「你就不能把公司當作是自己的嗎？」我信以為真。

直到有一天我當了老闆，我就真的把公司當作是自己的。沒想到，我卻因此惹禍上身。

放錯口袋的錢，是要繳稅的

我年輕時的玩伴小李是一個凡事都喜歡自行研發的理工男。北部大學機械系畢業後，沒有走上工程師的傳統道路，反而是回南投老家種起水果，自產自銷，生意也越做越大。

小李對機械有天分。許多在種植水果及運銷過程會用到的機械設備，他總是可以自行研發。就這樣，在他一路闖盪下，這十多年來，倒也累積了10件機械設備相關的發明專利，可以說是一個被果農耽誤的發明達人。

這五年來，小李開了一間自己的公司（P公司），同時架設網站，打算把自家水果外銷海外。P公司就只有他一個人，校長兼撞鐘，所有環節他都自己來。為了美化公司形象，小李也把個人名下的10件專利全都移轉到P公司名下。畢竟這年頭能夠自產自銷已經不稀奇，但能夠以自己發明的機械設備來種植水果，在行銷噱頭上還是很有吸引力的。

有一天小李突然跑來找我，說他接到國稅局的通知。國稅局請他去說明，為何他個人名下的10件專利會逐年移轉到P公司名下？這中間有無支付合理對價？

小李不解的是，P公司是他個人開的，所有的專利也都是他自行研發，而且經過主管機關核准。

「我只是把左口袋的專利放到右口袋，和國稅局有何關係？」小李不滿地對我大吐苦水。

他的話都還沒說完，我已經發現問題所在。小李把他一手建立的P公司，錯認為是他個人的財產。

我告訴小李：「你其實是把你左口袋的錢，放到別人的右口袋。」

公司是你投資設立，你是唯一股東，也是老闆。但在法律上，它已經是一個獨立的個體，和你一樣，也可以單獨享受權利，承擔義務。

就好像，小孩雖然是母親生的，但小孩與母親是兩個完全獨立的個體。

你不會說小孩是母親的財產；同樣地，公司也不是老闆的財產。

此外，依據遺產及贈與稅法規定，凡是將自己的財產無償給予他人，只要經他人同意，就是一個不折不扣的贈與行為。在減除免稅額244萬元後，如有剩餘，就應該對贈與人課徵贈與稅。

小李越聽越著急，他接連地問我：「那我該怎麼辦？」

我告訴小李，你把專利移轉給公司，如果要避免被國稅局認定為贈與，你和公司間就要有對價關係。

技術作價投資，有好有壞

事實上，小李當年也可以考慮以技術作價投資的方式來規劃。

傳統上，一間公司增資，股東以現金出資，是最常見也最容易理解的方式。但現行公司法其實也允許投資者將智慧財產權或技術成果移轉給公司，以獲取公司發給的股份。

然而投資者將技術移轉給公司，雖然有公司發給的股份做為對價，但不代表投資者移轉的技術與公司發給的股份，兩者的價值必然相當。換句話說，當兩者間存在著差異時，投資者還是得就兩者間的差額，亦即財產交易的所得，繳納所得稅。

此外，你移轉的技術到底值多少錢不是你一個人說了算，也不是公司董事會說了算，而是要請專業單位出具鑑定價格意見書。如果你的發明技術確實有價值，就代表要看懂這個技術價值的專家，往往也需要耗費大量的時間與精力，才能確認你的技術價值所在。這也意味著，要取得這份耗時費力的鑑定價格意見書，通常需要花費一筆可觀的金額。

這樣說來，小李當年如果把專利移轉給P公司這件事規劃為技術作價投資，也不是一個穩賺不賠的方法。

所幸這件事後來的發展沒有我們想像中複雜。由於小李的專利從來沒有授權給他人使用，因此很難找到一個明確的市場價值來衡量。此外，這10件專利剛好分散在P公司成立後的5年內轉讓，每年轉讓的專利價值都還在贈與稅的免稅額範圍內。也因此，國稅局雖然認定小李有將專利贈與給P公司，但最後仍以免稅額範圍內的贈與為由，認定小李無須繳納贈與稅，順利結案。

在這場風波後，小李開始學習把他的公司當「外人」看，和P公司保持著相敬如賓的安全距離。

再親密的關係也需要有距離。家人間是如此，老闆和公司間又何嘗不是？

精準節稅

公司與股東，不論經濟上或情感上再怎麼緊密，在法律上兩者依舊是不同的權利主體。當股東將資金或財產移轉至公司名下，如為有償行為，可能為買賣或借貸。買賣必須支付價金，借貸也必須收取利息。公司的資金貸與股東如未收取利息，或約定的利息偏低，依法應設算公司利息收入課稅（➔ 所得稅法第24條之3）。

相較於此，當個人股東無償將資金或財產移轉至公司名下，且經公司同意時，即符合遺產及贈與稅法第4條規定的「贈與行為」。在減除免稅額每年244萬元後，如有剩餘，贈與人（即個人股東）應自行申報繳納贈與稅。贈與人如為法人股東，因贈與稅的課徵僅適用於個人，此時雖無贈與稅的問題，但受贈的公司仍應就取自法人股東贈與的財產，依法繳納營利事業所得稅。

公司與股東間除了上述因資金或財產的任意移轉，可能導致贈與稅或所得稅的風險外，實務上也經常發生兩邊帳戶混用的情形。例如：公司雖有銷貨事實，卻漏開發票及漏報銷貨收入，並借用個人股東帳戶收取貨款，導致公司帳上連年虧損卻仍持續營運。等到公司有資金缺口時，再由股東借錢給公司周轉，公司資產負債表「流動負債」項下的「股東往來」貸方餘額因而大幅增加。

對於公司而言，公司帳上「股東往來」貸方餘額一旦過高，容易有短漏報收入或虛增費用的嫌疑，即可能引起國稅局的關注，成為營利事業所得稅選案查核的高風險對象，進而面臨營利事業所得稅及營業稅的補稅及裁罰。

對於個人股東而言，當個人股東過世應申報遺產稅時，其生前借與其投資經營公司的資金，即屬股東對公司的應收債權。若截至個人股東死亡時，公司尚未清償返還，依遺產及贈與稅法相關規定，該筆未還款項即應列入個人股東的遺產中並申報債權，進而產生遺產稅的稅務風險。

要解決上述問題，就必須設法消除尾大不掉的「股東往來」。一種方法是，由公司實際跑金流。公司的自有資金，或透過銀行貸款所得資金，償還給股東，以消除「股東往來」貸方餘額。

倘若公司資金不夠充裕，也可以考慮另一種方式，也就是以股東對公司所有的貨幣債權抵繳股東投資公司所需股款。對於公司而言，是將原本屬於負債的股東往來轉列為公司的資本，亦即「以債作股」。此時主管機關會詳細審核「債權抵繳股款明細表」及債權發生的主要證明文件。股款如已動用，還應檢附「資金動用明細表」，具體說明其用途，以完整確認債權存在的真實性。換言之，相較於現金出資，主管機關對於「以債作股」的變更登記申請案，其審查態度似乎較為嚴格。

公司與股東間，不論是資金或財產的任意移轉，或是兩邊帳戶任意混用，都是容易點燃稅務風險的火種。

我們都知道，這世界不是非黑即白，其中有許多灰色地帶，所以我們必須有灰度認知。

但公司經營，卻不能有灰色地帶。

因為你的公司，它從來都不是你的。沒有一天是屬於你的。

參考資料

最高行政法院110年度上字第689號判決、會計師查核簽證公司登記資本額辦法第3條。

10-2

你的孩子不是你的孩子——母子公司與總分公司的課稅差異

企業經營壯大後，為了擴張版圖，複製成功的經驗，經常有跨境設立子公司或分公司的需求。然而，子公司與分公司不僅在權利義務的歸屬關係有別，兩者在課稅上的效果也完全不同。一旦誤解，恐怕會付出昂貴代價。

沒本錢可別傻傻分不清

蓋瑞是一間跨國企業（A公司）在臺子公司（B公司）的財務主管。美國籍的他在臺灣生活已經十多年，蓋瑞不僅在這裡結婚生子，而且說得一口流利中文，直逼講中文快超過半世紀的我。我們倆因為小孩都在同一間幼兒園，有緣熟識。

有一天傍晚，同樣身為小孩車夫的我們剛好在學校門口巧遇，順道就聊了起來。他因為前陣子B公司遇到稅務問題，正心煩不已。

「要不要說來聽聽！」我拍拍蓋瑞的肩膀。

原來是，B公司在申報107年度營利事業所得稅時，有一筆新台幣3,000多萬元支付給A公司的管理費遭國稅局剔除，因而被調整補稅，目前正提起行政救濟。

B公司主張，他們集團基於成本與效率考量，採用全球分工模式。A公司負責設計與研發，B公司負責製造與銷售，各司其職，相互配合。在執行流程上，A公司先將研發後的新產品提供給B公司，再由B公司決定是否生產。A公司同時也將新產品公布於集團採購網站，供集團其他公司下單採購，B公司因而獲有銷貨收入。

A公司認為，A公司既然依約提供服務給B公司，B公司自應支付費用給A公司。但由於此項服務屬於長期概括性服務，B公司無法依據各別服務單價支付費用，故選擇以A公司國外市場部門員工薪資的一定比例做為計價標準。

「問題應該出在A、B兩公司是母、子公司，而非總、分公司！」我打斷蓋瑞的談話。

在法律上，總公司與分公司的法律人格同一，屬於同一個權利主體，分公司盈餘所構成的所得，無待分配即當然歸屬於總公司。換言之，所得的實現在分公司與總公司間並無時間上的落差；反之，母公司與子公司的法律人格獨立，當盈餘實現於子公司時，母公司的股利所得尚未實現。必須等到子公司分配盈餘後，該筆股利所得才會歸屬於母公司。換言之，所得的實現在子公司與母公司之間通常會有時間上的落差。

就法理及租稅政策而言，由於每個國家的實質稅負不同，特定國家的納稅義務人就有誘因透過各種稅捐規避或逃漏的手段，藉由調整收入或成本費用支出的機制，以達到降低應納稅額的目的。財政部為了避免上述情況發生，因而在營利事業所得稅查核準則第70條中規定，只有當兩個組織在私法上屬於同一個權利主體（如總、分公司），才能夠以一筆固定比例的金額做為總公司提供管理諮詢或其他服務的對價。

如果是母子公司，由於兩者在私法上非屬同一權利主體，故現行實務上採取「與一般國內不同企業間相同」的處理模式，亦即按損費項目性質逐一查核，而不允許事前以概括不分項目的總計方式，或以固定比例方式計算支付對價。

因為母公司對子公司承擔的權利義務僅限於投資額。子公司於年度決算後，如有盈餘，母公司得按出資比例取得子公司稅後盈餘；如無盈餘，母公司即無利益可言。如果子公司不論有無盈餘，母公司都可事先要求其支付管理費，則恐難防止母公司為其自身利益，藉由其對子公司的控制力，在子公司未獲盈餘時仍享有管理費收入，進而規避子公司國內稅負的弊端。

「但B公司確實具備銷售功能，B公司的銷貨收入主要來自銷售行為啊！」蓋瑞的語氣略顯激動。

「但是蓋瑞，別忘記，在本案中，B公司的銷貨對象大部分是（包含A公司在內的）集團所屬關係企業。B公司何以需要支付3,000多萬元給A公司，以求招徠A公司等關係企業向B公司採購商品？A公司有提供具體的研究成果（報告）給B公司嗎？」

「這……」原本一口流利中文的蓋瑞突然一陣語塞。

他經你而生，但非出自於你

如果集團企業間確實存在「產品研發」與「產品產銷」的分工，則因生產新產品而應支付產品研發報酬給A公司的集團成員，就應該是從事產品最終銷售行為的那間公司。因為只有該公司的銷售獲利，才有來自新產品開發的貢獻比例，進而有分擔新產品研發費用的必要。

但目前看來，B公司似乎是受A公司指示而生產的單純生產者，其銷售獲利主要來自所屬關係企業，而非受益於新產品的最終銷售行為。此時，如果要求B公司應承擔集團的研發費用，恐怕難以認為具備真實性及必要性。

「但國稅局如果認為B公司支付的管理費太多，大可藉由移轉訂價相關規定，調整減列B公司的管理費，而非完全漠視A公司確實有對B公司提供服務的事實，甚至將該筆管理費全數剔除！」蓋瑞邏輯清晰地回應我。

「問題是，實務見解向來認為，成本費用的支出必須真實、必要且合理。移轉訂價的金額調整屬於合理性層次的問題。但國稅局如果對於一筆費用的真實性及必要性都存有疑慮，恐怕會先剔除該筆費用，而不再進入移轉訂價規定下的價格調整問題！」

蓋瑞聽完我的話，神情凝重了起來。

「說到底，是我們誤解了總、分公司與母、子公司的課稅規定！」蓋瑞接著說。

紀伯倫曾說過：「你的孩子不是你的，他們是生命的子女。他們雖然和你在一起，卻不屬於你。」

同樣地，子公司也不屬於母公司，母公司只是幫助子公司來到這個世界上，但卻沒有將子公司據為己有的權利。至少在稅法上，母公司未曾擁有這項權利。

突然間聽到後頭傳來一陣尖叫聲。

我回頭一看，蓋瑞的女兒已經飛撲迎向爸爸的懷抱。

「咿，那我家那兩顆小蘿蔔頭跑哪去了？」

精準節稅

我國境內營利事業（含外國分公司）對國外公司的給付，原則上須依所得稅法第88條規定辦理扣繳。但有鑑於跨國企業經營效率的考量，集團總公司對於在國外所設立的分支機構，經常有統合管理的需要，且此等管理行為往往與各分支機構的收入缺乏直接且明確的歸屬關係。因此，營利事業所得稅查核準則第70條特別規定，我國境內的外國分公司，得分攤其國外總公司的管理費用。故依本條列報的費用分攤，在分攤者與被分攤者間，必須有國外總公司與我國境內分公司的關係，且所分攤的費用僅限於國外總公司的管理費，而不包含其他費用在內。

相較之下，本案的A公司與B公司為母、子公司，法律上各為獨立個體，須各自負擔盈虧，自無共同管理活動所生費用分攤的問題。因此，其成本費用的認列只能採取逐一歸類的方式，亦即要求支付的現金或債權與取得的貨物、權利及勞務間有「一對一」的對應關係，才能逐筆審核該項費用支出的真實性、必要性及合理性。

至於依所得稅法第43條之1規定，稅捐稽徵機關針對關係企業間不合營業常規的安排，如導致規避或減少納稅義務時，雖得依營業常規進行調整。但本條的適用，仍以跨國關係企業間的「交易行為或成本費用分攤真實存在」，且為「經營業務所必要」為前提。如果交易行為的「真實性」及「必要性」已受到質疑，而企業又無法證明其事，則該筆費用就可能會被剔除。此時即不再有移轉訂價規定下調整所得額「合理性」的可能。

參考資料

最高行政法院107年度判字第691號判決、最高行政法院100年度判字第664號判決、臺北高等行政法院107年度訴字第1106號判決、臺北高等行政法院102年度訴字第253號判決、臺北高等行政法院95年度訴字第2176號判決。

10-3

口說無憑的約定——實際交易對象的認定

營業人銷貨時需要開立發票給後手，進貨時需要向前手索取發票。但有時，一張發票開錯對象，輕則繳錯稅款，重則補稅處罰。

而且起手無回，你經常沒有回頭路！

你到底提供勞務給誰？

這幾年在公部門的授課經驗，讓我有機會光速成長。前來上課的稅務人員各個都久經沙場，每次和近百位經驗豐富的老手切磋交流後，我都有一種「草船借箭，有借無還」的飽足感。

在一次課後，一位資深的稅務人員老高前來找我。他手上有一件金額龐大的稅務案件，最近在第二審法院失利。他正苦惱著該如何繼續走下去。

「你可以告訴我，我們一起討論看看！」我拍拍老高的肩膀。

在老高承辦的案件中，A公司是國內一間科技業的大廠，有大量聘僱外籍勞工的需要。A公司委由關係企業B公司代為辦理招募引進外勞事宜，其中針對外勞的食宿管理，B公司又再委由關係企業C公司負責。

老高認為，從A公司與B公司簽訂的外勞委任招募契約（委招契約）來看，簽約主體既然是A、B兩間公司，這筆高達一億多的合約款項應該由A公司付款給B公司，B公司再付款給C公司；至於發票的開立，則應由C公司就外勞食宿部分開立發票給B公司，B公司再就合約全額開立發票給A公司。

然而在該案中，原本應由B公司開立給A公司的發票卻由C公司開立給A公司（跳開發票）；C公司對於實際交易對象B公司反而漏開銷項發票。國稅局因而以C公司違法漏開銷項發票為由，對C公司補徵營業稅，同時裁處漏稅罰。

「這樣聽起來，C公司的違章情形應該很明顯啊！」我一派輕鬆地打斷老高的談話。

「不，我還沒說完，真正困擾我的地方才要到來！」老高繼續說著。

A、B兩公司間雖然有書面的委招契約為證，但偏偏本案的外勞食宿及管理費卻是由A公司直接匯款給C公司，從未經由或假手B公司辦理。C公司也主張，其與A公司間有承攬外勞管理業務的「口頭約定」。

此外，由於B公司並未設置外勞管理中心或經營外勞食宿管理業務，B公司是否有能力承攬A公司的外勞食宿管理業務，也是個疑問。如果B公司從未承攬A公司的業務，又如何將A公司的業務轉包給C公司？

白紙黑字的合約有用嗎？

「這樣聽起來，本案的關鍵在於承攬A公司的外勞食宿管理業務，究竟是B公司還是C公司？以及B公司有無將外勞食宿管理業務轉包給C公司？」

「沒錯！而且這個案件進入第二審法院後，法院反而認為，書面的委招契約不是重點。」老高的聲音越來越高亢。

法院認為，承攬契約本來就不以書面為必要，只要雙方的意思表示一致，契約就已經成立。此外，國稅局對於B公司轉包的課稅事實也未善盡舉證責任，只憑A、B兩公司間的委招契約，就認為B公司有轉包事實，同時指示A公司交付匯款給C公司。這樣的判斷稍嫌過快，有違依證據認定課稅事實的原則。最後，法院將不利於C公司的第一審判決廢棄，發回第一審法院重新審理。

「連白紙黑字的合約都不採納，我看這個案件贏不了了。」

「你先別擔心，我倒覺得，這個案件沒那麼單純。」我看著老高繼續說著。

「特別是，高達一億多的合約款項，卻只是由A、C兩間公司口頭約定。這樣的主張，你不覺得有違日常經驗法則嗎？」

「此外，從社會常態經驗來看，就是因為B公司沒有外勞食宿管理配備，它才會轉包給C公司啊！更何況，承攬人有無施作勞務能力，與承攬人實際上有無轉包，兩者間沒有必然的因果關係。」

「但是C公司有提供勞務給A公司，A公司也確實給付報酬給C公司啊！」老高雙眼緊盯著我，眉頭微微皺起。

「這在營業稅法上完全不是問題。」我繼續說著。

營業稅是一種消費稅，理論上應由最終消費者負擔全部營業稅額。但基於稽徵經濟的考量，故稅制設計上改以「營業人」為納稅義務人以減少申報單位。此外，現行營業稅法又利用「銷項稅額減進項稅額」的扣抵方式，僅以各產銷階段的「加值部分」課稅，以避免過去「總額型課稅制度」下會產生「重複課稅」的問題。

又為了確保各階段加值部分的計算正確，故營業稅法特別重視前後手間的相互勾稽。至於該如何確保勾稽對象與勾稽金額的正確性，亦即如何認定營業稅法上的「實際交易對象」？目前司法實務傾向以「私法契約」的法律關係（在本案即為A、B兩公司間的合約）做為認定前後手關係的主要依據。至於A、C兩公司間的物流與金流，則非判斷「實際交易對象」的認定標準。

這個案件發回重審後，更審的第一審法院與第二審法院正是採取此種見解。此外，法院認為，由於上述三間公司彼此間為關係企業，就營業稅的課徵與裁罰有著共同利害關係。如無客觀獨立的其他證據，只憑三間公司的職員證詞或口頭約定，在證據證明力的評價上確實較為薄弱，因而難以採信。

在更審判決確定後，老高特別傳了一封簡訊給我：

「這次很謝謝老師的提醒，在營業稅法上，合約的重要性遠遠勝過物流與金流。下次，讓我請您一頓？」

我也立馬回覆給他：

「口說無憑，寫一張文契才算！」

精準節稅

我國現行加值型營業稅，是就各個銷售階段的加值部分分別

予以課稅。各銷售階段的營業人皆為營業稅的納稅義務人。至於銷售對象的決定，依據目前實務見解，原則上應尊重私人間的約定，亦即以「私法契約」的法律關係認定，而非以物流（貨物或勞務的提供）或金流（銷售價金的支付）的移動，來確定交易流程中的前後手。

特別是在當事人間為關係企業或關係人的情形，除非有其他客觀獨立的證據可以做為反證使用，否則恐難任意推翻「私法契約」的證明力。更遑論這些具有關係人身分的當事人間，如果還只是以「口頭約定」的方式，就想要改變既有的「私法契約」內容，這樣的證據就更難令人信服。

此外，基於「租稅法律主義」（➔憲法第19條），國家的稅制設計已經有明確規範，就不應該允許當事人可以再透過交易行為的安排（例如本案的跳開發票），任意改變營業稅的納稅義務人，否則恐違反營業稅法的立法精神。

在現行營業稅制下，A公司與B公司既然為個別獨立的納稅義務人，各該主體因營業稅相關法規所產生的權利義務就應該各自承擔（➔釋字第685號解釋）。從而，「B公司是否因違反營業稅法規定而被補稅」與「C公司是否因違反營業稅法規定而被補稅」無關。同樣地，「C公司就其開立發票給A公司並報繳的營業稅可否事後申請退稅」，也與「C公司因漏開銷項發票給B公司而被補稅」無關。

最後，營業人如經查明有漏開發票或短漏報銷售額的情形，國稅局除得依查得資料核定其銷售額、應納稅額並補徵稅款外，應就經查明認定其未給與憑證的總額，裁處5%罰鍰（最高不得超過100萬元）；另按所漏稅額裁處5倍以下的罰鍰（➔稅捐稽徵法

第44條、加值型及非加值型營業稅法第51條第3款）。若上述兩項違章事實實際上是來自一行為時，此時依行政罰法第24條第1項規定，應擇一從重處罰。

下次開發票前，請務必謀定而後動！

參考資料

最高行政法院109年判字第336號判決、最高行政法院107年度判字第316號判決、最高行政法院103年度判字第518號判決、臺中高等行政法院102年度訴字第35號判決。

第4部

避險力

節稅力11

避免處罰

不對的事，請你不要做；不真的事，請你不要說。
——羅馬哲學家皇帝馬可斯．奧理略（Marcus Aurelius Antoninus）

11-1

你可以罰我壞，但不能罰我呆——違法性認識

公司在經營過程中會有各式各樣的收入，哪些收入會增加公司的所得因而要繳稅，經常是企業控管稅務風險必要的一環。因為，該繳的稅沒繳，輕則補稅，重則處罰。無論何者都得不償失。

損害賠償金也要繳稅？

多年前我就遇過這樣的案例。小張是我家附近一間咖啡店（A公司）的老闆，有一天他跑來找我，說他咖啡店的商標被B公司仿冒多年。小張已經不想再忍氣吞聲，於是他以A公司的名義向法院提告。在法院曉諭下，雙方在訴訟上達成和解，B公司必須給付A公司一筆因商標權受侵害的損害賠償金。小張原本以為，在他收到賠償金後，這件事應該就告一段落。

但沒想到，隔年A公司卻收到一張稅單及罰單。國稅局以A公司漏未申報損害賠償金的收入，認定A公司應補繳30萬元的營利事業所得稅，同時裁處A公司15萬元的罰鍰。

小張氣憤地告訴我：「A公司明明是受害人，好不容易打贏官

司，拿到賠償金。結果國稅局卻跑來要和他分一杯羹！」

我請小張先別急。我仔細閱讀他的資料後，回頭告訴小張：「就本稅部分，依照財政部的解釋函令，這筆收入確實該繳稅。」

因為在民法上，「損害賠償」包含兩個部分：「所受損害」與「所失利益」。

「所受損害」是指，你的現存財產因為損害事實的發生而減少。例如：你的房屋因鄰近工地施工造成毀損，施工者對於你所受的損害賠錢給你。這筆賠償金是為了填補你所受的損害。損害一旦被填補後，就回復到還沒被損害前的狀態。你的財產既然沒有增加，就沒有所得。所以這筆賠償金**不用繳稅**。

「所失利益」則是指，你原本預計可以獲得的財產，因為損害事實的發生而無法獲得。例如：在前述鄰近工地施工的個案中，如果你的房屋因為受損，導致無法出租，因而無法獲得原本預計可得的租金利益。為了填補你無法收到租金的損失，施工者因而支付一筆賠償金給你。由於你的財產額外增加，有所得產生。所以這筆賠償金**要繳稅**。

回到小張的個案。對A公司而言，A公司的商標權實際上沒有因B公司的仿冒而有所減損，但卻會因B公司的仿冒，而妨害預期可以獲得授權使用的利益。因此，該筆損害賠償金屬於「所失利益」的性質。A公司恐怕還是得繳稅。

你罰我，好歹也要我同意

但是關於處罰，國稅局的做法恐怕還有討論空間。

因為處罰的前提，一定是你事先知道或可能知道你的某個行為是不對的，而你又明知故犯或疏於注意。只有在這種情形，政府對你的處罰才會有正當性。

如果你根本就不知道你的某個行為是不對的，政府卻等到你去做了該行為後，才去處罰你。這樣的處罰，就很像股市裡的「養、套、殺」，恐怕就欠缺處罰的正當性。

所以，我們的至聖先師孔子才會說：「不教而殺謂之虐。」

更白話地講，你可以罰我壞，但不能罰我呆。

道理其實都是相通的。

當然，這個時候政府可能會說，我們的行政罰法第8條有提到：「不得因不知法規而免除行政處罰責任。」這是指，人民不能夠單純以不瞭解法規為由，就主張他的違規行為完全不用負法律責任。

但魔鬼往往就藏在細節中。什麼是該條規定的「法規」？

你如果不瞭解的是「法律」或「法規命令」，那麼你確實不能夠以不瞭解這些法規為由，主張不用負法律責任。

因為「法律」是立法院訂的；「法規命令」是法律授權給行政機關訂的。這兩個法規都有民意的展現。即便這些法規再怎麼糟糕，但你要怪，就要去怪當年蠱惑你投下選票的立法委員。

但問題是，現在規定「所受損害」要繳稅，「所失利益」不用繳稅的，不是「法律」，也不是「法規命令」，而是來自財政部一系列的「解釋函令」（也就是一種「行政規則」）。「解釋函令」可不在立法委員的管轄範圍內。

你不能要求人民主動去查詢，那些多如牛毛的「解釋函令」到底在規範什麼。也就不應該以人民未主動查詢「解釋函令」為由，就動輒處罰人民。這樣的處罰，不是一個法治國家應有的氣度與作為。

只可惜，依據目前實務見解，行政罰法第8條規定的「法規」，除了包含「法律」與「法規命令」以外，也包含沒有法律授權的「行政規則」。

即便如此，這個案件的後續發展卻頗為意外。在A公司提起訴願後，財政部雖然維持本稅，但罕見地將罰鍰處分予以撤銷。

在這件事情經過後，小張告訴我，他做了兩個重大決定：

第一，現在，他請了專業的會計師與律師為他管控稅務風險。

第二，未來，他的選票只投給專業負責的政黨與參選人。

但如果選票上實在找不到這樣的人選，他寧可默默走出投票所，也不再胡亂投票。

精準節稅

損害賠償範圍包括「所受損害」及「所失利益」（➔民法第216條規定）。所謂「所受損害」是指現存財產因損害事實發生而減少，即積極損害；「所失利益」則指新財產的取得因損害事實發生而受妨害，為消極損害。

「所受損害」的賠償是填補現存財產的損害，相當於收入減除成本後無所得，故免納所得稅；而「所失利益」的賠償實質上是預期利益取得的替代，性質上屬於新財產的取得，應歸屬所得稅法第1條第1項第10類的「其他所得」，以其收入額減除成本及必要費用後的餘額為課稅所得額。

此外，行政罰的主客觀構成要件，兩者應分別判斷，不得以行為人客觀上有違反行政法上義務的行為，即推論行為人就該行為主觀上出於故意或過失。現代國家基於「有責任始有處罰」的原則，對於違反行政法上義務的處罰，應以行為人主觀上有可非難性及可歸責性為前提，始具備故意或過失（➔行政罰法第7條規定）。行為人如未「明知故犯」（故意），也無「應注意、能注意而不注意」（過失）的情形，亦即欠缺故意或過失時，即不得處罰。

至於行為人故意或過失的判斷，並不包括行為人是否知悉其行為有無違反行政法上義務的判斷。換言之，此處所稱「故意」或「過失」的判斷，並不包括「違法性認識」的判斷，故行為人不得以其不知法規而否認其有故意或過失責任。

關於「違法性認識」的判斷，依據行政罰法第8條規定：「不得因不知法規而免除行政處罰責任。但按其情節，得減輕或免除其處罰。」其中所謂「法規」，依據目前實務見解，不僅包括「法律」及「法規命令」，也包含「行政規則」在內。然而，此一見解是否妥適仍有討論空間。

至於行政罰法第8條但書所稱「按其情節」，應依行為人不知法規的可責性高低而定。換言之，如依行為人的社會地位及個人能力，有可能意識到其行為涉及不法，並對該行為的合法性產生懷疑時，行為人對於法規即負有查詢義務。違反時，即有過失；反之，如以行為人本身的社會經驗及個人能力，實在無法期待其可能意識到其行為涉及不法，或是行為人對其行為的合法性雖有懷疑，但經其深入思考，甚至必要時曾諮詢有權解釋機關，仍無法克服此項錯誤時，才可能減輕或免除對行為人的處罰。

在小張的咖啡店裡，選豆如投票，需要精選；烘培如處理稅務，需要專業。

一杯深邃的咖啡，甘醇中透露著智慧。

參考資料

最高行政法院109年度判字第172號判決、最高行政法院108年度判字第216號判決、最高行政法院107年度判字第440號判決、臺北高等行政法院112年訴字第96號判決、財政部83年6月16日台財稅第831598107號函。

11-2

所託非人，誰的錯？——委託他人的法律責任

情場被騙，只能怪自己沒經驗。但職場被騙，特別是被信賴的專業人士矇騙，你說是自己太傻？不，我認為是你太懶！

偷天換日的帳冊

多年前，中部一間從事工程設備業的中小企業（K公司）遇到一些稅務問題，在一位熱心朋友介紹下，K公司的老闆珊蒂和我聯繫上。聽我這位朋友說，看起來光鮮亮麗的珊蒂，在創業過程中吃過不少悶虧。

故事是這樣的，K公司從94年起，開始委託一位記帳業者小李幫忙處理K公司的記帳及報稅工作。到了98年初，K公司為了競標公共工程，因此向小李索取營業稅繳款書時，赫然發現小李向K公司請領代為繳納的營業稅款，與小李向國稅局申報繳納的金額有明顯出入。

珊蒂感覺不對勁，趕緊向國稅局函調K公司歷年的營利事業所得稅申報書、核定通知書及營業人銷售額與稅額申報書（401報

表），逐一勾稽比對。這才發現，小李從94年到98年間以K公司名義向國稅局報繳的營業稅款，足足比向珊蒂請領的營業稅款少了200萬元。珊蒂隨後向地方法院提起民事訴訟，對小李請求損害賠償，也獲得勝訴判決。此外，珊蒂也主動向國稅局補繳短漏的營業稅款，希望不要被國稅局處罰。

但隔年珊蒂還是收到國稅局寄來的罰單，上面記載著「K公司無進貨事實，卻取得100間營業人開立的統一發票做為進項憑證，扣抵營業稅」。國稅局因而以「K公司虛報進項稅額，逃漏營業稅」為由，裁處K公司100萬元的漏稅罰。

珊蒂很不服氣地告訴我，實際情況是，小李在侵占K公司委託代繳的營業稅款後，為了掩飾實情，才會購買不實發票增加進項稅額，進而降低應納稅額。購買發票一事完全是小李一人所為。地檢署也已經就小李涉嫌的侵占罪提起公訴，同時就珊蒂涉及的商業會計法等案件為不起訴處分。

「地檢署都已經做出不起訴處分，為何國稅局還是認定我逃漏稅？」珊蒂氣憤地對我說。

我沒看過本案的卷宗資料，無法100%確定購買發票一事是否確實是小李一人所為。但從國稅局的角度來看，應該是認為K公司原本打算給付的稅款縱使遭小李侵占，也是K公司與小李間的私法上債權債務關係，與K公司對國家應承擔的公法上納稅義務互不相干。也就是說，K公司不能以小李做錯事做為拒絕履行K公司公法上義務的藉口。

白話地講，國稅局似乎認為，K公司該繳的稅單及罰單還是得照繳；至於小李是否對不起K公司，那是K公司內部的事，得由K公司自行向小李求償，與國稅局無關。

珊蒂聽完我的說明後沉默許久。我從她臉上的表情可以看得出來，她應該有著滿腹的委屈與無奈。5分鐘後，珊蒂拿起背包，隨即轉身離開。

一碼歸一碼

隔年，我從那位熱心朋友的口中得知，K公司還是繼續針對那張「委屈」的罰單提起行政救濟，一路從訴願打到兩個審級的行政訴訟。但法院依舊認定，國稅局對K公司的罰單是合法的。

法院認為，K公司雖然委託小李處理報稅事務，但K公司才是營業稅的納稅義務人。小李既然受託為K公司申報營業稅，還是要以K公司為申報人，蓋用K公司的統一發票專用章，再向國稅局提出申報書。由此可見，就稅捐申報的行為而言，小李只是基於代理人的地位，以K公司名義申報營業稅。

又由於K公司在選任代理人時原本就有「注意義務」，同時負有監督代理人履行職務的責任。因此，K公司必須就代理人小李的故意、過失，負「推定」故意、過失責任。

也就是說，由於小李的行為導致K公司違反納稅義務，法律上會先認定K公司對於代理人的選任及監督疏於注意，應負過失責任。除非K公司可以證明，自己對於代理人的選任及監督沒有過失，才能夠免罰。否則，K公司既然違反注意義務在先，仍應就其短漏營業稅款一事受罰。

本案K公司從94年到98年間連續數期營業稅申報繳款資料，與K公司交給小李代為申報繳納的稅款明顯不符。在這樣的背景下，要說K公司對小李所提申報書資料的填載、統一發票明細表及其他有關文件的內容是否正確已善盡監督及注意職責，恐怕過於勉強。

換句話說，K公司事前未注意防範小李侵占K公司委託代繳稅款，事後又未善盡查核責任，阻止小李虛報進項稅額，最終導致違規狀態持續蔓延。K公司再怎麼委屈，也很難說沒有過失。也因為這一連串的疏失，法院才會認為，在本案中K公司難辭其咎。

珊蒂和我曾有一面之緣。或許，我們再也沒有機會相見。

但如果可以，我很想告訴她：「人生總是會有遇人不淑的時候。但所託非人，究竟是誰的錯？」

每個人到頭來唯一能改變的，還是只有自己。

改變你的輕率，改變你的偷懶。

真正在乎的事，三不五時，關心及時。

精準節稅

當納稅義務人違反稅法規定的繳納義務，除了命其補繳稅款外，如納稅義務人對其違規行為，主觀上有故意或過失，稅捐稽徵機關還可依其所漏稅額處以數倍的漏稅罰。但如果納稅義務人非自然人，而是公司這種法人組織時，稅捐稽徵機關又該如何證明該公司有故意或過失？

對此，行政罰法第7條規定，只要該公司有代表權之人（例如董事）或實際行為的職員，對於公司違反稅法規定的行為，主觀上有故意或過失，即可「推定」該公司也有故意或過失。既然是「推定」（而非「視為」），就代表在個案中，公司可以舉反證推翻（例如公司可以提出證據證明該職員早已離職，故不得將職員的故意、過失，當作是公司的故意、過失）。

但如果公司不是透過內部的代表或職員，而是委任外部的代理人處理稅捐事務，又該如何認定該公司有故意或過失？對此，最高行政法院100年度8月份第2次庭長法官聯席會議決議認為，公司既然委任代理人參與行政程序，擴大其活動領域，享受使用代理人的便利，也應該負擔因代理人參與行政程序行為所導致的損害。

但由於公司就其「內部」代表或職員的故意或過失，都只有負擔「推定」故意或過失的責任；因此，公司就其「外部」代理人的故意或過失所負擔的責任，就不應該超過「推定」故意或過失的責任，以免有失均衡。

有鑑於此，建議公司未來就代理人的選任及監督，應事先透過書面約定方式，表列容許事項或禁止事項，以善盡監督責任。唯有如此，當代理人的故意或過失被「推定」為公司的故意或過失時，公司才有舉反證推翻上述「推定」責任的可能。

參考資料

最高行政法院100年度8月份第2次庭長法官聯席會議決議、最高行政法院95年度判字第1287號判決、臺北高等行政法院97年度訴字第3103號判決。

11-3

有錯就該重罰嗎？——稅捐處罰應考量的因素

想像一下，你是一間上櫃公司的董事長，在一場關鍵設備的採購案中，因為公司同仁對於所得性質的誤認，你一個人就要背負5,000萬元的稅單及1億元的罰單，一切還不能重來。這樣的結局絕非你所預料。

一場交易的代價

多年前，我曾經南下高雄，為企業的財會人員講授稅務課程。我還記得當天的主題是「智慧財產權的課稅問題」。在課後，一名身型嬌小、打扮樸素的中年女性（A女士）緩慢地走向台前。我猜想，她應該是有問題想和我討論。但她又不斷地禮讓其他學員發問，似乎想等其他人都離開後才願意開口。好不容易等其他學員都離開了，終於輪到她。但我抬頭看著牆上的時鐘，已經逼近回程的高鐵時間。我正要開口婉拒她的提問時，她告訴我，她剛好也要去高鐵站。於是我們就在同行的計程車上聊了起來。

A女士告訴我，他們公司是南部一間從事光電產業的上櫃公司（P公司）。幾年前P公司向中國Q公司採購一批關鍵設備，總價高達3.8億元。P公司給付價款給Q公司後卻收到國稅局的補稅通知，上面記載著，3.8億元的總價中有2.5億元屬於Q公司在臺的權利金所得，依法應由P公司的負責人（F先生）代為扣繳20%的稅款（5,000萬元）。在一個月的責令補繳期限屆滿後，F先生仍未補報繳稅款，國稅局因而對F先生補徵稅款，同時裁處所漏稅額兩倍的罰鍰（1億元）。

「如果是外國公司對我國公司銷售貨物，依照一般國際貿易慣例，我國公司無須扣繳稅款，又怎麼會適用權利金所得的扣繳規定呢？」我疑惑地看著A女士，還有她手中透明的文件夾。當中似乎裝著一份泛黃的合約。

「可以借我看一下嗎？」

原來，在P、Q兩公司簽訂的合約中，有關買賣標的物的欄位除了記載「關鍵設備」（1.3億元）以外，還包含「製程技術」（2.5億元）的提供。

又依「公開發行公司取得或處分資產處理準則」第9條規定，公開發行公司的資產交易金額達3億元以上，須事先取得專業估價者的估價報告。在本案中，P公司的採購總價已高達3.8億元。因此，P公司在交易前，應先請估價公司製作估價報告。

依據估價報告記載，P公司確實委請估價公司就「固定資產」及「無形資產」進行價值評估，並就合約中的「製程技術」，帳列為「無形資產」項目下的「專門技術」，同時記載於P公司的年度財務報表中。

「不是這樣的，製程技術只是關鍵設備的一部分，它是設備的操作指令，無法分離單獨使用！」A女士的雙手不自覺地緊握起來。

但如果只是單純操作設備的指令，P公司何以需要支付比關鍵設備還要多一倍的對價？我滿臉疑惑地看著窗外的車輛。

「P公司操作這台機器前，是否需要Q公司派人前來指導？」

「需要，在設備驗收合格前，Q公司需要對P公司人員提供使用、維護機器等教育訓練。」

「Q公司有提供P公司任何權利嗎？」

「有的，這台設備需要軟體告訴它如何運作，Q公司有提供P公司軟體使用權。」

「這就對了！」

在本案中，Q公司必須對P公司的人員進行教育訓練，使其掌握操作技術。由此可知，Q公司製程技術的智慧財產權並未移轉給P公司，只是單純授權P公司使用。因此，P公司就製程技術支付的2.5億元，確實屬於Q公司的權利金所得，F先生依法應辦理扣繳。

我的話都還沒說完，只見A女士的眉毛已微微皺起，微露的牙齒輕輕夾住下唇。整個後座只聽見窗外車輛呼嘯而過的聲響。

我的罪責，你的處罰，相當嗎？

「但只是一個所得性質的誤認，就對F先生罰兩倍，這處罰也未免太重了吧！」A女士繼續說著。

「F先生所有的土地、建物、股票等財產，歷經強制執行程序，已遭法院扣押、拍賣，根本無力償還5,000萬元的扣繳稅款，更不用說2.5億元的罰鍰了！」

「如果確實如此，那這個案件在處罰額度上似乎有討論空間！」

因為依據納稅者權利保護法第16條第3項規定，稅捐稽徵機關在處罰時，應審酌納稅者違反稅法上義務行為應受責難程度、所生影響及因違反稅法上義務所得的利益。稅捐稽徵機關應注意使受處罰者的罪責與處罰相當，以符合比例原則。此外，稅捐處罰宜考量受處罰者的資力，避免造成個案顯然過苛的處罰，逾越處罰的必要程度。

此外，負責人（董事長）雖然負擔扣繳稅款的義務，但實務上通常是由公司的財務、會計或總務人員負責扣繳事務。董事長日理萬機，卻未必鉅細靡遺。如因一時疏忽導致未遵守扣繳稅款義務時，其主觀上應受責難程度似乎較為輕微，確實可以考量當事人的個案情狀，降低裁罰倍數。

何況，扣繳義務人並非納稅義務人，他只是無償代替國家從事確保稅源的工作。不論因為何種原因違反扣繳義務，扣繳義務人都不會因此獲得利益，這也是稅捐稽徵機關裁處罰鍰應審酌的因素之一。

計程車抵達高鐵站後，A女士和我道別，轉身離開。

那天之後，我再也沒看過她。

我其實也不知道她的身分，或許她就是誤認所得性質的那位同仁；也或許，她是F先生身邊最信賴的人。

多年後，我在一則行政法院的判決中，得知法院撤銷本案兩倍的罰鍰處分，並發回國稅局另為裁處。

我突然想起聖經上的一句話：「人若看見，弟兄犯了不至於死的罪，就當為他祈求。」（約翰一書 5：16）

同樣地，法院若看見納稅者受了罪責不相當的處罰，就當為他撤銷。

在法治國面前，這不是一種選擇，而是一種承諾，是我對你的承諾。

精準節稅

依據納稅者權利保護法第16條第3項規定：「稅捐稽徵機關為處罰，應審酌納稅者違反稅法上義務行為應受責難程度、所生影響及因違反稅法上義務所得之利益，並得考量納稅者之資力。」（➔行政罰法第18條第1項也有類似規定）。其中「應受責難程度」是指，納稅義務人對於違規行為在主觀上是否有故意（直接故意、間接故意）或過失（重大過失、具體輕過失、抽象輕過失）。稅捐稽徵機關在裁罰時，應就客觀上造成違法結果的原因，分別決定其主觀上的可歸責程度（例如：對於A結果可能是故意，但對於B結果可能只是過失）。

其次，司法院釋字第641號解釋也指出：「對人民違反行政法上義務之行為處以罰鍰，其違規情節有區分輕重程度之可能與必要者，應根據違反義務情節之輕重程度為之，使責罰相當。」

此外，依據財政部訂定的「稅務違章案件裁罰金額或倍數參考表」使用須知第4點：「參考表訂定之裁罰金額或倍數未達稅法規定之最高限或最低限，而違章情節重大或較輕者，仍得加重或減輕其罰，至稅法規定之最高限或最低限為止，惟應於審查報告敘明其加重或減輕之理由。」亦即，稅捐稽徵機關在裁罰時，應注意個案的違章情節是否較輕？如答案為肯定，應考量在法定倍數範圍內減輕其罰，至稅法規定的最低限為止。稅捐稽徵機關如未斟酌，又未說明不斟酌的理由時，就容易有「裁量怠惰」或「裁量濫用」的違法。

我知道，對於公務員而言，每個案件都要考慮這麼多，會讓你的罰單變得很麻煩。

但麻煩的罰單卻可以讓你擺脫爭訟，告別怨懟，你的心情也會變得更自在，不是嗎？

參考資料

最高行政法院111年度上字第50號判決、最高行政法院109年度判字第82號判決、最高行政法院102年度3月份第2次庭長法官聯席會議決議、最高行政法院101年度判字第60號判決、臺北高等行政法院111年度訴字第466號判決。

節稅力12

遠離刑責

下不為例的想法就像黑洞，把你吸引進去，讓你看不到要付出多少代價。

——前美國哈佛商學院教授、全球知名管理大師克雷頓·克里斯汀生（Clayton M. Christensen）

12-1

牢飯的滋味——逃漏稅也有刑事責任

該繳的稅沒繳，有時不只是補稅而已，罰錢也未必可善了。最怕的，其實是入監服刑！

真假「三角貿易」

前陣子我受邀去一間南部的電子公司（A公司），為該公司的董事與高階主管講授一門課程「如何預防企業的稅務風險？」從走進會議室的那一刻起，我可以感受到每個人的心情都很愉快。疫情對他們而言，彷彿只是屋外下點小雨，公司的業績依舊穩定成長。

中午用餐時，我忍不住詢問董事長：「A公司這幾年的營運模式是不是有什麼獨到之處？我感覺好像來到一間幸福企業。」

意氣風發的董事長也很阿莎力地對我說：「很簡單啊，就用三角貿易，把利潤留在海外。公司稅繳得少，自然有更多的錢可以回饋給員工和股東。」

我聽完後感覺有些不對勁。因為照理說，正常的三角貿易與利潤留在海外是兩件完全不同的事，應該不會畫上等號。

一般常見的三角貿易，是指我國廠商接受國外客戶（買方）的訂單後，轉而向第三國供應商（賣方）採購。至於實際的物流，則是由第三國供應商直接運送給國外客戶，或經過我國轉運但不通關進口，再運送給國外客戶。

換句話說，我國中間商在面對第三國供應商時是以買方的地位，在面對國外客戶時則是以賣方的地位。我國中間商藉由長年從事國際貿易的經驗與技術、買賣雙方的資訊不對稱，以及地理上的優勢地位，進而賺取中間的價差。

上述價差既然存在於我國中間商，因此，三角貿易所產生的利潤也應該留在我國境內，而不會（也不應該）流向海外。

經過仔細追問後我才發現，原來董事長口中的三角貿易，只是利用第三國的低稅負來規避臺灣的高稅負，不是真正的三角貿易。

因為A公司在接受國外客戶的訂單後，先轉單給位於開曼群島的B公司，再由B公司下單給大陸廠商出貨。但實際的金流，卻是由國外客戶直接匯款給B公司。

如果是三角貿易，就應該由國外客戶先匯款給A公司，再由A公司匯款給B公司，A公司則賺取其中的價差。

特別是，當國外客戶是直接匯款給B公司，且會計傳票上沒有任何佣金的記載時，就很容易讓人聯想到B公司可能是被刻意安排的紙上公司，目的是為了承接A公司的利潤，以逃避A公司在我國的納稅義務。

逃漏稅的代價有多大？

聽到這裡，董事長的表情似乎有些異樣，急切地對我說：「你講的怎麼和我們公司的營運模式很像？」

我告訴董事長：「因為過去很多公司都這樣做。」

「而且多年前還有一間公司的負責人及會計主管因而被判刑。」

董事長雙手一攤，臉上露出不以為然的表情，語氣上揚地對我說：「沒繳稅，大不了罰錢吧！」

「只是把臺灣公司的利潤放在海外，負責人就要被判刑？」

沒錯！當一間臺灣公司為了逃漏稅而虛設境外公司，再由這間境外公司承接臺灣公司的訂單，並將貨款匯入該境外公司的帳戶，以減少臺灣公司在臺的營業收入，這就是一種不折不扣「以詐術或其他不正當方法逃漏稅捐」的行為，符合稅捐稽徵法第41條的「逃漏稅捐罪」。公司負責人恐面臨「5年以下有期徒刑，併科新台幣1千萬元以下罰金」。

更嚴重的是，在110年修法後，當營利事業逃漏稅額在新台幣5千萬元以上時，甚至可能對公司負責人「處1年以上7年以下有期徒刑，併科新台幣1千萬元以上1億元以下罰金」。

此外，會計主管如故意遺漏會計事項不為記錄，導致財務報表出現不正確的結果，也同樣會面臨商業會計法上的刑事責任。

我告訴董事長：「你們公司這幾年的業績蒸蒸日上，預計兩年內就要上櫃。不如趁現在先把公司的體質調整好。因為未來進入上櫃審查階段，還是得面對這個燙手山芋。」

「更重要的是，你坐牢，妻兒誰顧？」

董事長聽完後沒有再回答我的問題。只是低著頭，繼續吃著他的蔥爆牛肉飯。

但我看得出來，他應該已經意識到，公司和他個人正面臨著一場嚴重的稅務風險。

幸好，一切都還來得及。

再晚，他低頭吃的那一碗，恐怕就是牢房裡的蔥花牛雜飯。

精準節稅

關於逃漏稅的刑事處罰，主要規定在稅捐稽徵法第41條：「（第1項）納稅義務人以詐術或其他不正當方法逃漏稅捐者，處5年以下有期徒刑，併科新台幣1千萬元以下罰金。」為了有效遏止逃漏稅以維護租稅公平，立法院在110年，對於逃漏稅額情節重大者另增訂加重處罰規定：「（第2項）犯前項之罪，個人逃漏稅額在新台幣1千萬元以上，營利事業逃漏稅額在新台幣5千萬元以上者，處1年以上7年以下有期徒刑，併科新台幣1千萬元以上1億元以下罰金。」

當納稅義務人為公司的情形，如公司負責人有故意指示、參與實施或未防止逃漏稅捐的行為，造成公司短漏稅捐的結果，此時依稅捐稽徵法第47條第1項第1款規定，應對「公司負責人」施以刑事處罰。換言之，此時受處罰主體為「公司負責人」（即營利事業的負責人）。此外，當形式負責人與實際負責業務之人不同時，應以「實際負責業務之人」為準。

此外，公司逃漏稅的情形經常涉及會計憑證、會計帳簿報表或財務報表的不實記載。此時，除了稅捐稽徵法第41條規定外，相關人員也會面臨商業會計法第71條規定的刑事責任（可參閱12-3說明）。

實務上，納稅義務人經常以「節稅」或「避稅」為由，主張其交易行為不應受罰。然而，不論是「節稅」或「避稅」，都必須以納稅義務人已善盡誠實申報義務為前提。因此，納稅義務人如故意隱藏其經濟活動的利益，或故意增加其交易成本的負擔，以圖達到減輕稅捐負擔目的的行為時，則此時已該當「逃漏稅捐」，屬於不法行為，與「節稅」或「避稅」有別（可參閱3-1說明）。

至於「逃漏稅捐」的行為何時應論以漏稅罰？何時又應追究刑事責任？依據目前司法實務，納稅義務人如故意隱藏交易事實，違反誠實申報義務，即構成可罰的「漏稅」（漏稅罰）；但納稅義務人如使用詐術或其他不正當方法逃漏稅捐，由於該行為含有詐欺惡性，為刑事上具有可罰性的「逃稅」，故在稅法上應科以刑事責任（逃漏稅捐罪）。

事實上，針對涉及「逃漏稅捐罪」的違章行為，財政部已訂有「稅捐稽徵法第41條所定納稅義務人逃漏稅行為移送偵辦注意事項」做為下級機關辦案時的參考依據。其中規定：「納稅義務人有下列情形之一而故意逃漏稅捐者，應予移送偵辦：一、無進貨或支付事實，而虛報成本、費用或進項稅額者。二、偽造變造統一發票、照證、印戳、票券、帳冊或其他文據者。三、開立收執聯金額大於存根聯金額之統一發票或收據者。四、漏開或短開統一發票同一年內達三次以上者。五、利用他人名義從事交易、隱匿財產、分散所得或其他行為者。六、使用不實之契約、債務憑證或其他文據者。七、其他逃漏稅捐行為，對納稅風氣有重大不良影響者。」上述七款事由，可做為納稅義務人判斷是否涉及「逃漏稅捐罪」的衡量指標，值得參考。

真正的獲利，不僅在於數字的增長，更在於企業與個人誠信的積累。

畢竟，沒有任何一碗牢飯能比得上自由呼吸的清新空氣！

參考資料

最高法院111年台上字第4476號刑事判決、臺中高等行政法院102年度訴字第14號判決、財政部77年8月18日台財稅第770572584號函。

12-2

想自首，談何容易？——自動補報補繳免罰

衣服髒了，用水清洗可以變得很乾淨；身體有了污垢，沐浴以後也能清爽潔淨。但曾經逃漏的稅款，可不可以補繳就換得免罰，恐怕就沒那麼容易！

調解書背後的真相

幾年前國內一間高級知名品牌的經銷商A公司，曾經因為一件離奇的稅務事件引起媒體矚目。原因是A公司涉嫌虛報員工的薪資支出，進而逃漏營利事業所得稅。

特別的是，這個案件不是國稅局主動查獲A公司的違章行為，而是一名男子甲，有一天突然收到國稅局的補稅通知，上面記載著，他曾經在A公司工作，並取得A公司發給的薪資所得，卻未申報個人綜合所得稅。

甲覺得莫名其妙，因為他從來沒有在A公司工作過。因此，甲隨即向地方法院聲請調解。經過一番爭論，最後雙方達成協議。調解書中卻意外記載著：「甲在多年前曾經為A公司發送過傳

單，因而自A公司獲有薪資所得。」

但就在這份調解書送往臺北地方法院核定，並依法定程序送進臺北地檢署後，承辦檢察官開始疑惑起來。一間高級知名品牌的經銷商竟然還要上街頭發傳單，這似乎不符合一般經驗法則。

就在檢察官開啟調查程序後，甲突然人間蒸發，怎麼找都找不到人。

於是，檢察官又陸續傳喚A公司的負責人乙，以及該案的其他證人。由於乙和證人間的證詞有太多出入，檢察官最後對乙提出緩起訴的條件。

這時乙才坦承，A公司確實有逃漏稅的犯行，並願意向公庫繳納600萬元做為緩起訴的條件。

補繳稅款還是得罰

兩年多前，在一個公開課程結束後，一位西裝筆挺的中年男子丙緩緩走向台前。他向我自我介紹，原來是A公司的一名高階主管。

丙和我聊到，他們公司為了這個曾經占據新聞頭版的案件，這一兩年來都很努力提升公司的形象。

我告訴丙：「我對你們公司的案件有印象，希望一切都還順利。」

丙一臉苦笑地對我說：「其實，故事還有後續發展。」

因為就在乙的刑事案件認罪後，A公司又面臨是否該向國稅局繳納因逃漏稅捐遭裁處的罰鍰。

原因是，他們內部聽說，依據行政罰法第26條規定，行為人如果在緩起訴處分階段已經支付過一筆金額，這筆金額可以在後續裁處的罰鍰內扣抵。丙想詢問我，他們公司可否適用該條規定，而無須向國稅局繳納罰鍰？

「這恐怕不行！」

因為在本案中，乙是因為公司負責人的身分，涉犯行使業務登載不實文書罪及逃漏稅捐罪；A公司則是以納稅義務人身分，向國稅局為不實的營利事業所得稅申報，並遭裁處罰鍰。這兩個主體是因不同違章行為違反不同規定，但行政罰法第26條規定的扣抵，必須是同一行為人的同一行為。如主體不同，自然不適用該條扣抵規定。

丙又進一步追問：「A公司其實在收到地檢署的緩起訴處分書之前，就已經先把漏報的稅額繳納完畢。A公司可否主張，本案有自動補報補繳免罰規定的適用？」

「這恐怕也不行！」

依據稅捐稽徵法第48條之1規定，「納稅義務人自動向稅捐稽徵機關補報並補繳所漏稅款者，凡屬未經檢舉、未經稅捐稽徵機關或財政部指定之調查人員進行調查之案件」，確實可以免除納稅義務人的「稅捐刑罰」與「稅捐行政罰」。但該條規定的適用，卻沒有想像中容易。

因為條文中所稱「經檢舉」一語，並未限定檢舉人的身分，也未限定須向稅捐稽徵機關提出檢舉。因此，依據目前實務見解，對於違章漏稅案件，只要經人向有權處理機關檢舉，或經有權處理機關主動察覺或查獲時，就已經屬於「經檢舉」的案件，不再有該條「單純補稅即可免罰」規定的適用。

在本案中，由於檢察官有偵查犯罪的職權，本案檢察官就A公司虛列薪資，導致漏報營利事業所得稅予以調查的當下，就已經屬於「經檢舉」的案件，不符合該條規定所稱「未經檢舉」的條件，故A公司不得享有免罰的待遇。

我看丙愁容滿面，趕緊對他說：「我知道，你們老闆可能會認為，怎麼感覺好像吃到『全餐』。所有的處罰一個都少不了。」

但面對曾經的荒唐，想自首，談何容易？

這倒不是說稅法不給人一個改過自新、遠離鬼魅的機會。

而是說，人生在世，要勇於面對自己的過咎，把透支的福報給找回來。

這是一件多麼不容易的事情啊。

精準節稅

依據行政罰法第26條規定：「（第1項）一行為同時觸犯刑事法律及違反行政法上義務規定者，依刑事法律處罰之。……（第2項）前項行為如經……緩起訴處分確定……，得依違反行政法上義務規定裁處之。（第3項）第1項行為經緩起訴處分……確定且經命向公庫或指定之公益團體、地方自治團體、政府機關、政府機構、行政法人、社區或其他符合公益目的之機構或團體，支付一定之金額或提供義務勞務者，其所支付之金額或提供之勞務，應於依前項規定裁處之罰鍰內扣抵之。」

該條規定是以「一行為同時觸犯刑事法律及違反行政法上義務規定」為要件，其前提為「同一行為人」的「同一行為」；如「主體不同」（例如一為公司負責人，另一為公司），則無該規定的適用。換言之，「一行為不二罰原則」僅適用於「同一行為主體」；如為「不同主體」，即不予適用。

此外，依據稅捐稽徵法第48條之1第1項規定：「納稅義務人自動向稅捐稽徵機關補報並補繳所漏稅款者，凡屬未經檢舉、未經稅捐稽徵機關或財政部指定之調查人員進行調查之案件，下列之處罰一律免除；其涉及刑事責任者，並得免除其刑：一、第41條至第45條之處罰。二、各稅法所定關於逃漏稅之處罰。」其立法目的，是為了給漏報繳稅捐者一個改過自新的機會。當納稅義務人自行發現有漏報課稅所得，只要在稅捐稽徵機關尚未投注調查成本，派員進行調查前，已自動補報「並」補繳，即給予免罰的鼓勵，以收事半功倍之效。

依據財政部70年2月19日台財稅第31318號函，上述條文所稱「稽徵機關或財政部指定之調查人員」，是指省、市各稅捐稽徵機關或財政部指定的稽核人員，並不包含調查局所屬的處站在內，適用範圍較窄；但條文中所稱「經檢舉」一語，則是指經人向有權處理機關檢舉，或經有權處理機關主動察覺或查獲的漏稅違章案件，適用範圍較廣。檢察官既然有偵查犯罪的職權，故經檢察官就公司虛列薪資逃漏營所稅一事予以調查，即屬「經檢舉」的案件，而無自動補報補繳免罰規定的適用。

再者，司法實務上認為，上述條文所稱「其涉及刑事責任者並得免除其刑」，是指納稅義務人觸犯稅捐稽徵法以外的「其他刑事法律」而言（例如刑法第215、216條行使業務登載不實罪）；納稅義務人如觸犯「稅捐稽徵法第41條至第43條」的犯罪行為，即應適用第48條之1第1項前段規定「處罰一律免除」。所謂「處罰一律免除」，是指該行為為法律所不罰，而非僅得免除其刑。

我知道，讓一位曾經叱吒風雲的大老闆面對過去逃漏稅的難堪，確實不是一件容易的事。

但這卻是唯一一條可以自我救贖的玄奘之路。

只有當你願意勇於承認過錯，才能重拾人生正軌，迎來法律與良心的安定。

參考資料

最高行政法院111年度上字第806號判決、最高行政法院102年度判字第96號判決、最高行政法院101年度判字第919號判決。

12-3

別站在老闆那邊！——財會主管的法律責任

當老闆告訴你：「天塌下來，有老闆撐住！」

請務必把這句話當成聽聽就好。身為財會主管的你，很可能就是老闆頭頂上的天花板！

直言不諱的代價

布魯斯是我以前的同事，我們曾經一起並肩作戰。他離開了律師事務所後，轉行在桃園擔任公證人。有一次，他的一位客戶彼特涉及稅務刑事案件。為了謹慎起見，布魯斯特地約我一同前往了解案情。

大約10年前，彼特曾經服務於一間中部的電子公司（G公司），主要從事電子產品的設計、組裝與代工。公司的董事長王先生主要負責業務拓展。王太太是公司的總經理，公司的財務調度與行政管理都歸她管。彼特自101年起任職G公司，擔任公司的財會主管。

彼特剛到任時，G公司正處於轉型階段，把重心擺在新產品的研發與製造，亟需投入大筆資金。但由於尚未進入銷售階段，缺乏足夠的營業額實績，難以說服銀行給予大額貸款。

有一天，王董夫婦找彼特去辦公室，說明公司在貸款方面遇到困難，需要做一些特別安排，才方便和銀行洽談貸款事宜。

「董事長，是什麼特別安排？」

「公司這幾年營運狀況不佳，打算和其他公司對開發票，以循環方式增加營業額。不然公司這一兩年就會撐不下去！」

彼特睜大著雙眼，嘴角不時抿緊，10秒鐘後，他告訴王董：

「這樣做是違法的，我不同意，這一塊我不參與！」

「你說什麼！」王董一聽到彼特的話整個火氣都上來，會議室中瀰漫著緊張的氛圍。

「沒關係，這部分我和王董會處理。」王總急忙拍拍王董的手臂，轉頭告訴彼特。

兩週後，辦公室裡多了一位新同事，是王董夫婦的女兒艾利，剛從碩士班畢業。接下來的日子裡，王總請艾利負責銀行往來、帳務處理、發票開立等事宜，同時要把和上下游廠商間的循環交易過程，直接匯報給王總。

彼特的財務主管職位事實上已經被艾利所取代。不到一年的時間，彼特感到無奈，最終選擇黯然離職。

事隔多年，彼特卻意外收到調查局的約談通知書，請彼特到案說明案情。

「放心，你沒事的！」我拍拍彼特的肩膀。

「但王董一家人恐怕就凶多吉少。」

幫倒忙的代價

因為依據稅法規定，公司本應誠實開立統一發票及申報稅捐。統一發票既然是記載公司銷貨流向及計算稅捐繳納數額的重要憑證，如有不肖營業人藉由收集內容虛偽不實的統一發票，營造其有進貨支出的假象，將該統一發票上所載稅額冒充為進項稅額用以扣抵銷項稅額，再向稅捐機關申報，就可輕易逃漏原本應納的稅捐，進而獲取不法利益。

為了防止此種弊端，稅捐稽徵法第43條第1項規定，凡幫助納稅義務人以詐術或其他不正當方法逃漏稅捐者，「處3年以下有期徒刑，併科新台幣100萬元以下罰金」。

該條的適用，不以正犯的存在為必要。縱無正犯，也可成立該條項罪名。因此，王董一家三人共同開立虛偽不實的統一發票，並將之交付給各該公司，充作進項憑證申報使用，無論有無正犯存在，均已構成幫助他人逃漏稅捐罪。

此外，統一發票是營業人在銷售貨物或勞務時開立並交付給買受人的交易憑證，足以證明會計事項的經過，屬於商業會計法所稱的「會計憑證」。因此，王董一家三人共同開立不實會計憑證的行為，同樣觸犯商業會計法第71條第1款的「明知為不實事項而填製會計憑證罪」。

在本案中，身為負責人的王董夫婦（董事長、總經理）不思妥善經營公司，竟指示女兒艾利以G公司名義，反覆虛偽開立不實統一發票，並交付其他營業人逃漏營業稅，確實該為其行為付出代價。

至於碩士畢業的艾利已有相當知識程度，卻仍甘願聽從父母的指示，在財會主管的角色上從事違法行為，也同樣得承受刑事處罰。

在回程的車上，布魯斯看著我，一聲長嘆，「有這樣的爸媽，艾利應該也很委屈吧！」

「別忘了，公司治理不是整天嘘寒問暖，請客吃飯！而是要建立一套完善的監督機制，確保管理階層為其行為負起法律責任。」

身為財會主管，別站在任何人那邊。因為出事時，沒人站你這邊！

精準節稅

關於教唆或幫助他人逃漏稅的刑事處罰，主要規定在稅捐稽徵法第43條第1項：「教唆或幫助犯第41條或第42條之罪者，處3年以下有期徒刑，併科新台幣100萬元以下罰金。」上述條文所定之罪是該法特設刑罰明文，屬於一種獨立性的犯罪，不適用刑法第30條所定幫助犯的從屬性。換言之，本條的適用不以正犯的存在為必要。縱無正犯，也可能成立該條項罪名。

針對「教唆或幫助他人逃漏稅捐罪」的違章行為，財政部訂有「稅捐稽徵機關查獲稅捐稽徵法第43條所定教唆或幫助他人逃漏稅捐行為移送偵辦注意事項」，做為下級機關辦案時的參考依據。其中規定：

「稅捐稽徵機關查獲稅捐稽徵法第43條所定教唆或幫助他人逃漏稅捐行為之案件，應依下列規定辦理：一、有下列教唆或幫助他人逃漏稅捐情形者，應予移送偵辦：（一）販售、提供空白或填載不實之統一發票、收據或其他證明文件，交付與無交易事實之納稅義務人作為進貨、銷貨或費用憑證使用者。（二）偽造變造統一發票、照證、印戳、票券、帳冊或其他文據，供納稅義務人申報納稅使用者。（三）教唆納稅義務人使用第1款或第2款之統一發票、照證、印戳、票券、帳冊或其他文據者。（四）教唆或幫助納稅義務人利用他人名義從事交易、隱匿財產、分散所得或為其他行為者。（五）教唆或幫助納稅義務人偽造、變造或使用不實之契約、交易憑證、債務憑證、捐贈收據或其他文據者。（六）其他教唆或幫助納稅義務人逃漏稅捐之行為，對納稅風氣有重大不良影響者。二、前項各款行為，致納稅義務人逃漏稅額未達新台幣10萬元，且情節輕微者，得免予移送偵辦。」

此外，依據商業會計法第71條規定：「商業負責人、主辦及經辦會計人員或依法受託代他人處理會計事務之人員有下列情事之一者，處5年以下有期徒刑、拘役或科或併科新台幣60萬元以下罰金：一、以明知為不實之事項，而填製會計憑證或記入帳冊。二、故意使應保存之會計憑證、會計帳簿報表滅失毀損。三、偽造或變造會計憑證、會計帳簿報表內容或毀損其頁數。四、故意遺漏會計事項不為記錄，致使財務報表發生不實之結果。五、其他利用不正當方法，致使會計事項或財務報表發生不實之結果。」

其中，該條第1款「填製不實會計憑證罪」，犯罪主體必為「商業負責人、主辦及經辦會計人員或依法受託代他人處理會計事務之人員」。又同法第4條規定，該法所稱「商業負責人」，依公司法第8條、商業登記法第10條及其他法律有關之規定。因此，「商業負責人」不僅包括「形式負責人」，也包含「實際負責人」在內。

又公司經理人在執行職務範圍內，同樣屬於商業會計法規定的「商業負責人」，如有同法第71條的違章行為，自為該條所定的處罰對象。此外，依司法實務見解，每期營業稅申報於各期申報完畢即已結束，由於各期申報行為獨立可分，故應以1期做為認定逃漏營業稅次數的計算。經理人如簽發各期不實的統一發票，以協助各該營業人逃漏營業稅時，每期均觸犯「填製不實會計憑證罪」及「幫助逃漏稅捐罪」。雖然從一重處罰，均論以「填製不實會計憑證罪」，但數罪均分別處罰，不可不慎。

明知「良藥苦口利於病」，卻是百般推辭，是凡夫的愚痴。

明知「忠言逆耳利於行」，卻是敬謝不敏，是老闆的憾事。

親愛的老闆，當你身邊有位直言不諱的財會主管，請好好愛惜他，別讓他離你而去！

參考資料

最高法院110年度台上字第5126號刑事判決、最高法院110年度台上字第3629號刑事判決、最高法院95年度台上字第486號刑事判決、臺灣高等法院106年度上訴字第3279號刑事判決。

節稅力13

認真救濟

Justice is truth in action.
正義是在行動中實踐真理。
——19世紀英國首相班傑明・迪斯雷利（Benjamin Disraeli）

13-1

你忽略它，再怎麼有理，都會變成無理——訴訟權也有保存期限

你是否曾經遇過，原本是你有理的事，到頭來卻變成是你無理？

多年前我在執行律師業務時，就遇到一個這樣峰迴路轉的案件。

不喜歡不代表可以不理會

故事的主角是一位很古意的五金行老闆小王。他因為被國稅局認定有漏開統一發票營業額，因而被國稅局補稅，同時裁處漏稅罰。

但小王認為，他已經在當年度所得稅結算申報時，及時將漏開的統一發票營業額併入個人所得稅申報，不應該被處罰。

心有未甘的小王憤而向國稅局申請復查。雙方在復查階段唇槍舌戰，最後依舊不歡而散。

兩個月後，小王收到國稅局的重審復查決定書，依舊維持原先的處罰，他感到非常不公平。忍了一週後，小王積鬱已久的

情緒終於噴發。他騎上破舊的摩托車，載著老婆，直接衝去國稅局，對著承辦人員開罵了一個小時。

當然，這一切都於事無補。國稅局的復查決定已經做成，有任何的委屈都必須向國稅局的上級機關（即財政部）提起訴願，請求財政部審查國稅局的處分及復查決定是否合法、妥當。

回到家中，小王氣憤地操著台語對著太太嚷嚷：「官官相護，再怎麼救濟也沒用。」就直接把復查決定書丟往牆角。小王的太太知道丈夫還在情緒上，也不敢擅自移動牆角的復查決定書。

這份復查決定書就在牆角躺了一個月，小王的情緒也慢慢平撫。但小王的太太總覺得不太對勁，難道只要把復查決定書丟到牆角就可以不用理會了嗎？

她印象中，好像在復查決定書的最後一頁曾經看到「30日內應提起訴願」的字眼。她趕緊翻了翻日曆，發現距離收到復查決定書的日期差不多一個月左右。她說服小王，趕緊騎車來找我，想看看這個案件還有沒有翻盤的機會。

我看了看復查決定書送達到小王住所的郵戳日期，再看看當天的日期，剛好是第31天。為了謹慎起見，我還用手指頭，一天一天地算給小王夫妻看。

「怎麼不早點來找我，已經超過可以提起訴願的日期了。」我無奈地看著小王夫妻倆。

在與救濟有關的法律中，向來遵循一個原則，「程序不合，實體不究」。這句話的意思是指，凡是要請求法院或訴願機關審理的案件，都必須先符合最基本的遊戲規則。就好像你去診所看病，也要等到診所的營業時間開始後，且在打烊前，你才可能見到醫生。同樣地，要向法院或訴願機關尋求救濟，現行法律也規定，必須在一定期限內提起救濟，才有可能見到正義的曙光。

但仔細想想，兩者還是有差別。你今天錯過門診時間，明天還是可以再來；然而，你一旦錯過救濟期間，這個案件原則上就「結束了」。即便在實體上（也就是處分的內容上），你確實很委屈。但在立法者眼中卻認為，當一個案件在救濟期間內都沒有人擊鼓申冤，就代表當事人沒有要提起救濟的意思，因而會認為這個案件已經結束。

事實上，這個案件小王原本是有勝算的。因為納稅義務人漏報短報所得額的處罰，應該以結算申報為要件。只要在當年度所得稅結算申報時併入申報，就不應該加以處罰。可惜的是，小王當時的情緒，讓他忽略了訴願期間的重要性。

還好你有及時開罵

小王看著我，滿臉通紅地摸著頭。他告訴我，他當時因為衝去國稅局開罵，回家後太生氣了，完全忘記要遵守訴願期間的規定。

「等等，你說你有衝去國稅局開罵？」我從他的話中似乎看到了一線希望。

基於法安定性的考量，訴願法雖然規定，提起訴願應遵循30日的訴願期間。但基於便民的考量，訴願法也同時規定，訴願人只要在收到行政處分後的30日內，有向原行政處分機關表示不服原行政處分，都可以當作訴願人已經在法定期間內提起訴願（但要在30日內趕緊補送訴願書）。

當天晚上，我趕緊加班替小王寫好訴願書，隔天正式向財政部提起訴願。最後，小王的訴願不僅程序合法，實體也有理由，因此不用繳該筆罰鍰。

我還記得，當我把訴願決定書交到小王手中時，小王身旁的太太還小小聲地對著小王碎碎念：「要不是你太衝動，把復查決定書丟到牆角，我們也不會差點逾期。」

我笑笑地看著小王太太，「這次多虧妳先生夠衝動，還跑去國稅局開罵，不然我們真的會逾期！」

請記得，收到復查決定書的當下，無論你再怎麼生氣，都別忘記要在30日內提起訴願。否則一旦超過訴願期間，再怎麼有理的案件都會變成無理。

同樣地，男人啊，和老婆吵架時請記得，無論你再怎麼生氣，都別忘記要在3日內主動道歉。否則一旦超過修復期間，再怎麼有理的主張都會變成無理。

精準節稅

依據訴願法第14條第1項規定：「訴願之提起，應自行政處分達到或公告期滿之次日起30日內為之。」其中訴願的「提起」，應以「原行政處分機關或受理訴願機關收受訴願書的日期」（➔訴願法第14條第3項），而非以訴願人「交郵當日的郵戳」（➔行政程序法第49條）為準。

又訴願的提起，雖然已逾期，但依訴願法第57條規定：「訴願人在第14條第1項所定期間向訴願管轄機關或原行政處分機關作不服原行政處分之表示者，視為已在法定期間內提起訴願。但應於30日內補送訴願書。」換言之，只要訴願人在訴願的法定期間內，曾經向訴願管轄機關或原處分機關「表達不服原行政處分」（在本案為不服復查決定）的意思時，法律上都會當作訴願人已經在法定期間內提起訴願。對於當事人的訴願權利，保護更加周密。

所謂「作不服原行政處分之表示」，例如以書面或言詞主張行政處分違法，或使用財政部線上聲明訴願系統提起訴願。不論其用語或形式如何（例如以「陳述書」為名），只要有不服行政處分而請求救濟的實質內容，都應該認為訴願人已合法提起訴願。

應注意的是，訴願法第57條雖然允許訴願人以簡化方式提起訴願，但訴願人仍應於30日內補送訴願書。訴願人提起訴願，如逾訴願法第14條第1項規定的法定期間（30日），或在30日內僅表示不服原行政處分，而未於30日內補送訴願書時，依訴願法第77條第2款規定，此時訴願機關應為不受理的決定。但訴願人如在訴願機關駁回前補具訴願書，此項未於30日內補送訴願書的程序瑕疵即屬補正。

又依行政訴訟法第4條規定，當事人提起撤銷訴訟應經訴願程序。如因訴願逾期而未經合法的訴願程序，即不符須經合法訴願的前置要件。後續如欲提起行政訴訟即屬不合法，且不能補正，行政法院自應從程序上裁定駁回原告的訴訟（➔行政訴訟法第107條第1項規定）。

1%的錯誤，會帶來100%的失敗。

別小看那些需要救濟的時刻，忽視它們，不管你多麼理直氣壯，最終也只會被當作無理取鬧！

參考資料

最高行政法院100年度判字第2104號判決、高雄高等行政法院高等庭112年度簡上字第30號判決、臺北高等行政法院102年度訴字第83號判決。

13-2

遲到總比沒到好——有利事證的事後補提

公司在稅捐申報過程中，經常需要提示完整的帳簿憑證，否則會被國稅局依同業利潤標準推計課稅。但這些帳簿憑證最遲應該在何時提出？可否事後補提？這是每一位公司的財務或會計主管都應該清楚掌握的稅務知識。

遲來的證據可以用嗎？

幾年前，我來到南部一間塑膠袋製造公司（A公司），為公司的高階主管們講授稅法課程。在課程結束後，公司的負責人朱莉很客氣地邀請我一起用餐。席間我看她欲言又止，似乎有些事想和我討論。

她告訴我，A公司最近遇到一個稅務問題，被國稅局核定補稅150萬元。原來是公司在辦理106年度的營利事業所得稅結算申報時，被國稅局通知要求提示帳簿憑證。

但當時公司的資深會計主管凱西和負責人朱莉就公司帳務處理的理念不合。身為部屬的凱西只好選擇黯然離職。在凱西離開後，接手的會計人員始終無法進入狀況，公司的帳務資料又未建立完善制度，導致帳簿憑證一時無法完整勾稽。國稅局因而按A公司實際經營的塑膠袋製品製造業，依同業利潤標準淨利率9%，核定A公司營業淨利800萬元。

A公司在國稅局的復查程序與財政部的訴願程序中，雖然一再主張國稅局應該採用A公司的營業稅申報數據與薪資扣繳申報數據認定，且同業利潤標準淨利率9%過高，A公司一年根本賺不到800萬元。但由於A公司始終無法提出完整的帳簿憑證，導致復查及訴願最終均遭駁回。

朱莉一臉慌張的表情問我：「現在該怎麼辦？」

我反問朱莉：「是什麼原因，讓和妳一起工作30年的凱西想離職？」

朱莉轉過身去，似乎不太想討論凱西離職的事。

沉默了3分鐘後，朱莉終於開口：「啊……啊……就是凱西建議，公司應該要從原本的兩套帳回歸一套帳。我們意見不合！」

「趕快把凱西找回來，而且要快，再晚就來不及了！」

「但是……」

「別再但是了！」

每個人都知道，凱西是全公司最懂會計帳務的人。唯有她，才能把A公司雜亂的帳簿憑證，抽絲剝繭地一一釐清。

為了一張150萬元的稅單，朱莉最終還是放下身段，親自把凱西找回來。

凱西果然在極短的時間內重新整理公司的帳務資料，趕緊在第一審行政訴訟程序中，把完整的帳簿憑證送進法院。

但最後第一審法院卻認為，國稅局的核定不論是依據帳簿憑證的核實認定，或是依據同業利潤標準的推計課稅，都是行政機關不折不扣的行政處分，具有確認該營利事業有所得與其數額的法律效果。

法院認為，理論上國稅局核實認定營利事業的所得，固然優先於以推計方法核定。但在納稅義務人經國稅局通知，仍未能提示證明文件時，國稅局即取得核定所得額的裁量權，不再受核實認定優先原則的拘束。

因此第一審法院認為，納稅義務人在國稅局的調查及復查階段，或財政部的訴願階段，如未能提出完整的帳簿憑證，直到向法院提起行政訴訟時才提出，一切就太晚了。因為此時法院已無權命國稅局改以查帳方式核實認定。換句話說，第一審法院認為，國稅局當時的推計課稅是合法的。

事證調查責任在法院身上

收到第一審法院的判決時，朱莉語帶無奈地打電話給我。我請她別灰心，因為，關於帳簿憑證應何時提出，司法實務其實有不同意見，原因如下：

首先，人民與國家間的稅捐債務關係是直接依據稅法規定而成立。所以，課稅處分的做成，只是稅捐稽徵機關就上述法定債務關係的再次確認，稅捐稽徵機關其實沒有任何裁量權。因此，法院縱使考量納稅義務人在訴訟中提出的事證，也不會有干預行政機關裁量權的問題。

其次，行政訴訟既然採「職權調查主義」，行政法院就應該依職權調查事實及證據。當事人在訴訟中自得提出對其有利的一切事實及證據，以供法院調查斟酌。法院也應予以審酌，否則即屬違法裁判。

再者，納稅者權利保護法第21條也規定，納稅者在事實審言詞辯論終結前，可以隨時追加或變更主張課稅處分違法的事由，法院應予審酌，且對於納稅者的應納稅額，應查明事證以核實確認。納稅者在訴訟階段既然已提出帳簿憑證，則其主張課稅處分違法的事由是否有變更或追加，法院自應查明審認，才能正確地核實認定納稅者的應納稅額。

果然，本案上訴到第二審法院後，法院採納上述觀點並認為，第一審法院應審酌A公司在第一審訴訟中提出的帳簿憑證。第二審法院因而廢棄原判決，並發回第一審法院重新審理。

最終，A公司與國稅局在第一審法院達成和解。A公司的稅務地雷也在驚險中順利拆除。

事後朱莉撥了通電話和我道謝，但我內心一則以喜一則以憂。

喜的是，A公司不僅贏得官司，也贏得老臣凱西的回歸。憂的是，A公司多年來的兩套帳問題，恐怕是下一個未爆彈。

「聽凱西的話吧！公司的帳務，就讓專業的她去處理。不然下一回，恐怕就沒那麼簡單了。」

電話那頭傳來的除了朱莉的笑聲，還是只有笑聲。

若問我，朱莉還會再打來嗎？

我的答案是，「肯定會的！」

精準節稅

公司在報稅時，依法負有完整提出帳簿憑證的協力義務。如未及時提出，依據納稅者權利保護法第21條規定，公司最遲應該在行政訴訟第一審（事實審）言詞辯論終結前，提出稅捐稽徵機關在先前推計課稅處分時所未能審酌，但可以證明為公司該年度的應稅所得額或銷售額的事實，也就是提出真實完整的帳簿憑證資料。此時，法院也應該審酌公司事後提出的該筆證據資料，進而將原推計課稅處分撤銷改判。

但應注意的是，現行法雖然容許納稅義務人在行政法院的事實審言詞辯論終結前，仍得提出足以動搖原推計課稅處分可信度的證據資料，但不會因而改變納稅義務人在先前的稅捐稽徵程序中，依舊存在著客觀上違反稅捐稽徵協力義務的問題。因此，只要納稅義務人對於該等協力義務在客觀上未能履行，且主觀上有可歸責事由時（亦即有故意或過失），還是有可能受到稅捐違章行為的處罰（亦即行為罰或漏稅罰）。

換句話說，事實審法院之所以應審酌納稅義務人在訴訟程序中所提出的證據資料，只是為了讓課稅處分更符合實情，更具有合法性；並未因此肯認，納稅義務人在先前的稅捐稽徵程序中，未能履行協力義務的行為具有正當性。

有鑑於此，為了避免公司遭受無謂的稅捐處罰，公司還是應該要及早提出，所有可以證明公司該年度的應稅所得額或銷售額的證據資料。

附帶一提，在納稅義務人違反協力義務，或經稅捐稽徵機關調查仍不能確定或調查費用過鉅時，為了維護課稅公平，稅捐稽徵機關對於課稅基礎仍得採用推估的方式進行課稅（推計課稅）。

但以推估的方式課稅，並非給稅捐稽徵機關恣意裁量的空間。因為依據納稅者權利保護法第14條規定，稅捐稽徵機關仍應斟酌與推計具有關聯性的一切重要事項，依合理客觀的程序，以適切的方法進行。此外，在各種推計方法的選擇上，稅捐稽徵機關有義務選擇最能切近實額的方法。

參考資料

最高行政法院111年度上字第678號判決、最高行政法院109年度上字第771號判決、最高行政法院107年度判字第6號判決、臺北高等行政法院105年度訴字第1344號判決。

13-3

一動不如一靜——分散存款與舉證責任

法庭上的攻防，誰主張有利於己的事實，就該由主張者負起舉證責任。當你對一些不利於己的推定感到不滿時，你要做的不是繼續抱怨：「事實不是你想像的那樣！」而是趕緊拿出更有利的證據。在法庭上，證明力過於薄弱的間接證據不會有同情票，唯有強而有力的直接證據才能幫助你脫困。

你的鉅額存款該分散嗎？

10多年前，一位長期深耕南部的紡織業老闆李董遇到一個棘手的稅務問題。在一個烏雲密布的週日下午，他開車北上來訪，想聽聽我的意見。

李董雖然事業有成，但白手起家的他穿著卻顯得格外樸實。一件領口已經泛黃又破洞的白襯衫，搭配棉絮早已外露的工作褲，很難想像他是一位紡織集團的董事長。

他告訴我，他辛苦經營事業多年，口袋的鈔票雖然不斷增加，但內心的安全感卻不斷消失。他不敢玩股票，因為擔心賠錢。所有賺來的錢除了每個月固定捐款給南部幾間育幼院與社福機構之外，其餘的錢他都乖乖放在銀行戶頭裡。

隨著銀行的存款數字越來越大，加上銀行行員與身旁友人不斷告誡，他開始擔心起他的巨額財產是否遭人覬覦，甚至危及個人與家人的人身安全。於是他接受銀行經理的建議，決定採用「分散存款」的方式，讓個人的帳戶數字看起來不再那麼顯眼。

因此，他決定先以四個小孩的名義開立活存帳戶。在接續的三年內，陸續購買多筆無記名「可轉讓定期存單」（Negotiable Certificates of Deposit，簡稱NCD）。

每個月月初，李董都會偕同公司會計到銀行，將該月到期的NCD從保管箱中取出，先辦理續存換單手續，再將NCD的利息收入分散存入四個子女的帳戶，並在舊的NCD背面兌領人處蓋上李董代為刻製，以四個小孩為名義人的印章。李董藉此舉分散個人的利息所得，並充分利用每人每年27萬元的「儲蓄投資特別扣除額」。

四個已成年的小孩雖然知道李董代為刻印他們的印章，並處理NCD事宜。但他們認為，那只是父親借用他們的名義存款，與他們無關。

李董做上述安排的緣由，情理上或許可以理解。但由於李董購買的NCD到期後是由四名子女無償兌領，且NCD的利息所得也是存入四名子女的帳戶。因此，上述舉動在國稅局眼中，很容易解讀為李董對四名子女的贈與行為。國稅局因而對違反贈與稅申報義務的李董補課贈與稅，同時按漏稅額處一倍的罰鍰，兩者合計一億多元。

我相信，當年來找我的李董或許還沒有把NCD贈與給四名子女的意思。但到期的NCD，既然是以子女的名義無償兌領，NCD的利息所得又存入四名子女的帳戶中。這些財產與所得移轉的表象，實在很難不讓國稅局在心證上傾向認定為贈與行為。

我聽完他的描述，低下頭想了很久。

最後決定誠實告訴李董：「這個案件我沒把握！」

舉證責任在誰身上？

10分鐘後，他又從文件夾中拿出一份被反覆對摺的復查決定書，請我看一下。我把內容全部掃過一遍，突然看到復查決定書中的一段話：

「動產的移轉，其原因包括贈與、信託、借貸等，納稅義務人對於稅捐案件有申報協力義務，因此在贈與稅的查核，稅捐稽徵機關只須證明資金移轉的事實存在，在納稅義務人未能舉證證明其並非無償移轉（借貸、信託）的情形下，原則上稅捐稽徵機關即得課徵贈與稅。」

白話地講，國稅局只需要證明李董有把錢移轉給小孩即可。李董如果主張，他確實沒有把錢贈與給小孩的意思，就需要自行舉證這筆錢的移轉另有其他原因，例如李董實際上是借錢給小孩。李董如果無法證明其並非無償移轉，國稅局就可以對李董課徵贈與稅。

這段話在一般人眼裡或許認為中規中矩，沒什麼問題。但如果從舉證責任分配的法理來看，仍有進一步澄清的必要。

由於政府對人民的贈與稅債權一旦被證明成立，後續的效果是國庫的贈與稅稅收會增加，而贈與稅稅收增加的結果是對政府有利。因此李董是否有贈與行為這件事，就應該由執行稅捐課徵事務的國稅局自行舉證，而非把舉證責任倒置在李董身上。白話地講，本案應該由國稅局證明李董有贈與行為，而非由李董證明自己沒有贈與行為。贈與稅的舉證責任始終都在國稅局身上。

李董如果認為NCD本金的移轉並非贈與，而是來自其他原因事實，他就應該主動提出相關資料供國稅局審酌。縱使李董無法提出資金移轉的其他原因事實，也只是讓國稅局可以降低證明程度，以間接證據取代直接證據，但不會因此改變國稅局依舊負有舉證責任的原則。

可惜的是，這個案件歷經復查、訴願及兩個審級的行政訴訟，均遭敗訴駁回。

法院固然肯認贈與稅核課的舉證責任應該由國稅局負擔，且不得以贈與人與受贈人負有協力義務，即將舉證責任轉換給納稅義務人。但由於現款或無記名的NCD屬於高度流通的貨幣或證券，父母如將現款存入子女的銀行帳戶，或以子女名義兌領NCD或其利息，一經移轉，原則上即發生所有權的異動。特別在父母與子女間的資金移轉，從一般經驗法則來看極有可能出於贈與的原因。除非當事人能提出例外證據，足以降低法院對贈與事實的證明力，進而否定有贈與事實，否則依國稅局目前的舉證，已足使法院對贈與事實形成相當的證明力。

收到判決書的當天，我撥了通電話給李董，和他說明判決意旨。我聽得出來他當下有多麼失落。

我安慰著電話那頭的李董：「以後不要再分散存款了。要分，就分散你助人的愛心吧！」

「還有，對自己好一點，幫自己換一件白襯衫和工作褲吧！」

電話裡傳來李董淡淡的笑聲。這是我第一次，也是唯一一次聽到。

一動不如一靜。你的每一個舉動，在稅法上都有特殊意涵。

請務必想清楚後再行動！

精準節稅

有鑑於親子間的財產移轉以無償為原則，且大部分的證據資料多在當事人的管領支配下。故實務上，一般肯認，為貫徹課稅公平原則，對於納稅義務人及財產受領人所得支配或掌握的課稅要件事實及相關證據資料，納稅義務人及財產受領人應負有完全且真實陳述的協力義務。

因此，當稅捐稽徵機關就親屬間財產關係變動的原因事實已提出相當事證（例如銀行存款憑條、匯款單、存摺、往來明細資料等），客觀上足以證明當事人的經濟活動已可推論有贈與的事實。此時，納稅義務人及財產受領人如主張該財產的移轉並非無償（如買賣、借貸、清償或借名信託等法律關係），自應由其就該事實為合理的說明及舉證，以動搖上述贈與行為的初步認定。

如納稅義務人及財產受領人就其主張（該財產的移轉並非無償的事實）無法為合理的說明及舉證時，稅捐稽徵機關自得依職權認定該財產變動的原因關係為贈與，並據此核課贈與稅。

證據，未必是通往真相的通關密碼，但它卻是解決事實爭議的共識規則。

法律，從來都不是追求完美的絕對解方，但它卻是現實世界裡沒那麼糟糕的相對解方。

參考資料

最高行政法院99年度判字第832號判決、最高行政法院98年度判字第1229號判決、最高行政法院98年度判字第923號判決、臺北高等行政法院92年度訴字第4767號判決。

節稅力 14

好好道別

好的開始需要熱情，好的結束需要紀律。
別讓一時的衝動，毀了一世的努力。

14-1

不在其位，仍要扣其稅——負責人變更與扣繳義務

想像一下，你原本是公司裡呼風喚雨的董事長，卻一夕之間從神壇上摔落，被迫離開公司，還要替這間公司繼續繳稅，那是什麼感覺？

錢給你賺，為何稅由我繳？

幾年前，在一場歲末聚餐中，經朋友介紹認識一位A先生。他和我提及，不久前他身上發生了一件不愉快的「稅事」。

A先生原本是B公司的董事長，在他任職期間，B公司與C承租一間辦公室。後來因股東意向改變，A先生慘遭股東會解任，離開了他經營多年的公司。

但離開不是一種解脫，反而是一場稅災的開始。

在A先生離開後，他以為B公司會向主管機關申請公司負責人變更登記，好讓接手的董事長名實相符。但事與願違，B公司並未及時提出申請，竟拖了一年才完成公司負責人變更登記。

「對，你沒聽錯！」

負責人變更也要辦理登記，這看起來是一件行政程序的小事。但後續的發展卻是A先生始料未及。

因為公司負責人不僅在公司法上對外代表公司，同時也是所得稅法上的扣繳義務人。因此，依據B公司與C締結的租賃契約，B公司按月給付租金時，也應該由「登記負責人」A先生代為扣繳稅款。但由於A先生根本不知道要替C扣繳稅款，A先生因而被國稅局補徵稅款，損失慘重。

A先生感到不解的是，這筆租金既然是C的所得，為何要A先生代為扣繳稅款？

確實，這筆租金所得的納稅義務人是C，但立法者為了讓政府可以即時獲取稅收，方便國庫調度資金，並確實掌握課稅資料，因而在所得稅法中，設計這種從所得源頭就先下手為強的課稅制度（又稱作「就源扣繳」制度）。

在具體操作上，立法者將「特定人」（機關、團體的主辦會計人員及事業負責人）規定為扣繳義務人，就納稅義務人的所得，在給付時依規定的扣繳率扣取稅款。同時在法定期限內向國庫繳清，並開具扣繳憑單彙報給稅捐稽徵機關，並填具扣繳憑單發給納稅義務人。

這一連串看起來對事業負責人極其煩雜的法律上義務，當然也曾面臨許多反對聲浪。早在99年，就有人陸續針對扣繳制度的合憲性聲請大法官解釋。只可惜，當年的大法官對於國家稅收保全的重視程度，還是高於事業負責人在程序上的不便利，因而宣告現行的扣繳制度合憲。

分手前，請先辦理變更登記

此外讓A先生感到更疑惑的是，A先生的董事長職位既然已經被解任，又如何能以B公司名義，向主管機關申請負責人變更登記？A先生既然無法對B公司給付的租金採取任何有效的監督措施，又如何能將扣繳義務違反的法律責任課予A先生負擔？

A先生在國稅局的承辦人員通知面談時，無奈地提出上述疑問。

面對A先生的憤怒，只見承辦人員不疾不徐地翻開公司法第12條規定，當中提及：「公司設立登記後，有應登記之事項而不登記，或已登記之事項有變更而不為變更之登記者，不得以其事項對抗第三人。」也就是說，即便公司負責人實際上已變更，但只要還沒向主管機關辦理變更登記，還是應該以「登記負責人」為準。

接著，承辦人員再從公文袋中拿出一則財政部早年的解釋函令，當中寫道，不論一間公司的實際負責人是誰，只有「登記負責人」才是所得稅法上的扣繳義務人。

A先生當場傻住，情緒激動地反問承辦人員：「政府對人民課稅時，不是都一直把實質課稅原則掛嘴邊？為何此時就只找登記負責人，而不去追究實質負責人的法律責任？」

那一晚的歲末聚餐，A先生吃了前菜後，越講越激動，就再也沒有舉起桌上的筷子。

我看得出A先生的無奈。明明是被迫離開公司，卻得為這間公司繼續繳稅。

人世間很多緣分，結束就結束了，錯過就錯過了。

但離開前，請務必先辦理變更登記，才能夠了結你所有的稅法上責任。

但願A先生的個案僅此一例，下不為例。

精準節稅

依據公司法第12條規定：「公司設立登記後，有應登記之事項而不登記，或已登記之事項有變更而不為變更之登記者，不得以其事項對抗第三人。」對此，司法實務認為，基於主管機關的公司登記具有公信力，上述規定所稱「第三人」並無善意或惡意之別，也不限於須與公司為交易行為的第三人。換言之，公司若發生登記負責人變更而不為變更登記時，就公司內部而言此項變更固然有效；但對公司外部的第三人而言則不生拘束力，第三人可以選擇以變更前事項或變更後事項主張權利，且不論該第三人是私人或行使公權力的機關，均有其適用。

此外，依據財政部70年8月12日台財稅第36704號函：「依法登記之公司有登記之負責人及執行業務之實際負責人，違反扣繳義務時，按登記之負責人為受處分主體。」換言之，公司負責人違反扣繳義務時，仍應按「登記負責人」為受處分主體。

但事實上，A先生樸素的法感情也確實有他的道理。因為行政機關不論從事何種行政行為，都必須符合行政程序法第36條規定，亦即「行政機關應依職權調查證據，不受當事人主張之拘束，對當事人有利及不利事項一律注意。」

換句話說，縱使有公司法第12條規定，但行政機關仍應依職權調查公司有無應登記事項已變更卻不變更登記的情形，以確定該案中的客觀事實。只有當行政機關已經依職權調查證據，卻依舊無法確定客觀事實時，才能夠主張「登記負責人」負有扣繳義務的法律責任。

也可以說，公司法第12條規定的法律解釋，之所以原則上以「登記負責人」為準，其目的在於保護交易安全。但縱使有保護交易安全的必要，也不足以做為行政機關放棄職權調查職責的藉口。換句話說，公司法第12條規定的「第三人」，似乎不應包含負有職權調查義務的「行政機關」在內。

可惜的是，我國法院多數見解依舊考量稅捐稽徵的便利性，與國稅局採取相同立場，不因行政機關負有職權調查義務而改變見解。特別是，如任由公司負責人主張辭職已發生效力，而不必辦理變更登記，恐怕會讓稅捐稽徵機關無法順利遂行其稽徵任務。

親愛的老闆，不論你再怎麼委屈，和公司分手前，請務必辦理變更登記。

參考資料

最高行政法院109年度判字第8號判決、臺北高等行政法院108年度簡上字第182號判決、臺灣臺北地方法院107年度稅簡字第5號判決、高雄高等行政法院103年度訴字第209號判決、財政部70年8月12日台財稅第36704號函。

14-2

呷緊弄破碗——企業經營如何善終？

談過戀愛的人都知道，「好聚」也要「好散」，雖然後者很難。企業經營也是，要如何讓曾經輝煌的企業「善終」，還是得讓專業的來，不然遲早會出事！

快閃行程的企業

前陣子剛好有機會南下授課。課程結束後，我和接待的國稅局同仁小吳一起在高鐵站吃便當，等待下一班回程的高鐵。

小吳眉頭深鎖地告訴我，有些納稅義務人會向他抱怨，說稅官是搶錢的酷吏。但實際的情形卻經常是民眾對法規不瞭解，才會踏入稅務風險的泥沼，越陷越深。

「這話怎麼說？」我好奇地詢問小吳。

他告訴我，前幾年他經手一件稅務案件。當事人是一間從事電路工程業務的三兄弟，三人起先成立一個合夥組織（S工程行）一起做生意。但國稅局事後卻查到，這個合夥組織在100年2月成立後，不到半年內，在無交易事實的情況下，竟要求另外三間公司密集開立發票給S工程行，總計1千多萬元。

弔詭的是，這間工程行在隔年5月申請歇業，並註銷營利事業登記證，同時辨理清算申報。

1年後，國稅局調查S工程行虛報進項稅額一事，最後在102年7月認定虛報進項稅額的違章事實成立，應補繳稅額70萬元，同時對S工程行裁處200萬元的罰鍰。

工程行的負責人隆哥對於這個重罰當然很不服氣。隨即找了一位律師陪同，到國稅局找小吳理論。

這位律師主張，S工程行既然已經辦理歇業登記並清算完畢，合夥組織就已經不存在，不應該再對其進行裁罰。

但小吳認為，S工程行的行為明顯就是「快閃行程」。

因為S工程行一經設立，就以大量無進貨事實的發票扣抵銷項稅額，減少應納的營業稅稅額。目的達成後，又隨即「毀屍滅跡」，趕緊將合夥組織辦理解散及清算程序。國稅局既然查到，又豈可縱放。

雙方僵持不下，這個案件最後進入法院審理。

經過幾個月的調查程序，法院似乎看到一些蛛絲馬跡。

歇業登記無關商業組織的存續

開庭時，承審法官先將地方政府函覆給S工程行的公文提示給S工程行看。在公文的主旨中，雖然記載著「歇業並註銷營利事業登記證」，但在說明欄裡卻明確指出「營業登記部分，應俟繳清稅款或違章結案後始准登記」。

換句話說，地方政府的歇業（註銷）登記其實有附帶條件（條件是先繳清稅款及罰鍰），並非一經地方政府函覆，歇業（註銷）

登記就馬上成立。

再者，營業登記只是行政機關的管理、監督行為，並非認定一個商業組織是否消滅的實質依據。

至於一個合夥組織何時消滅？依據法律規定，必須經過重重關卡，包含「解散」及「清算」兩道程序。合夥經解散後，合夥組織尚未消滅，還必須由合夥人全體或其選任的清算人完成清算程序，合夥組織才算正式消滅。

在清算程序中，清算人的職務包羅萬象，不僅限於結算帳目而已，還包含了結現有事務、收取應收但尚未收取的債權、清償應付但尚未支付的債務，最後則是分配餘存財產。

只要上述程序中的任何一個環節未踐行或未完結，清算程序就不算終結，合夥關係也就繼續存在，而未歸於消滅。

這時，法官從厚重的卷宗裡拿出一份證物給隆哥看。

原來，S工程行一直到103年5月（即本案開庭前2個月），才選任本案的清算人。而S工程行的清算人，正是站在法官面前的隆哥。

看到眼前這些證物，隆哥的表情似乎有些煩躁不安。最後隆哥當庭自承，S工程行確實還有部分債務尚未了結。這也代表著，S工程行之前的清算申報只是虛晃一招。先前的清算程序既然尚未終結，合夥關係也就繼續存在。

由於S工程行在國稅局102年7月裁罰時尚未清算完結，合夥關係持續存在。因此，國稅局以S工程行明知無交易事實，卻以不實發票做為進項憑證申報扣抵銷項稅額，明顯「故意」以不正當方法逃漏營業稅，進而對S工程行裁處200萬元的罰鍰，當然也就於法有據。

小吳說到這裡突然停了下來。我抬起頭，看到小吳的便當一口都沒動，而我手中的餐盒早已空空。

不知為何，我突然回想起小時候，爸媽總要我吃飯速度要放慢。

因為呷緊弄破碗。他們倒不是真的怕我弄破了碗，而是擔心我吃太快，身體會打壞。

吃飯是如此。企業經營也是如此，欲速則不達。

再怎麼亮眼的企業，有朝一日要拉下鐵門，還是得一步一步照規矩來。操之過急，反而功敗垂成。

老闆啊！有時真的不是稅官酷吏，而是有人給你亂出餿主意。

精準節稅

合夥也是一種企業組織。和一般公司一樣，要結束合夥關係，同樣必須歷經「解散」及「清算」程序，合夥關係才算正式結束。依據民法第692條規定，當合夥存續期限屆滿，或合夥人全體同意解散，或是合夥的目的事業已完成或不能完成時，合夥關係即具備解散事由。

合夥解散後，會進入下一階段的清算程序。此時必須先由合夥人全體或由其選任的清算人負責（➔民法第694條）。清算人的職務包含了結現務、收取債權、清償債務及分配賸餘財產。對於合夥的財產，在清算未完結以前，不得由合夥人中之一人向清算人請求按其成數先行償還股本（➔民法第697條、第699條）。

此外，合夥團體所積欠的稅款也屬於合夥債務的一種，其清償順序優先於普通債權（➔稅捐稽徵法第6條）。清算人如未繳清稅款就先分配賸餘財產，將來應就未清繳的稅款負繳納之責（➔

稅捐稽徵法第13條）。

從上述說明可知，一個合夥組織是否正式消滅，還是應該以該合夥組織是否完成清算程序認定。至於合夥組織是否向地方政府辦理歇業（註銷）登記，與該合夥組織在法律上是否消滅完全無關。

參考資料

最高行政法院102年度判字第124號判決、最高行政法院101年度判字第317號判決。

14-3

要跑路前請先繳稅——公司欠稅負責人的法律責任

公司和負責人在法律上雖然是兩個獨立個體，但是大難臨頭時，稅法卻不容許你們各自飛。

不該負責的負責人

派克是我在大學社團認識的朋友，現在是中部的執業會計師。兩年前，她的一位客戶林太太遇到欠稅執行的問題。派克帶她來找我，想聽聽我的意見。

初次見面時，林太太脂粉未施，神情略顯緊張。派克告訴我，她和林先生兩人在中部開一間製鞋公司（K公司），分別擔任董事長和董事。K公司從事傳統製鞋業20多年，生產的鞋子全數外銷歐美等國，公司也一度獲利滿載。

「那已經是過去式了！」林太太揮揮手，似乎要派克別再提。

因為這10多年來，隨著製鞋成本提升，中國、東南亞等地貿易開放，K公司也跟隨著臺灣製鞋產業的腳步，將生產基地移往海外。

產業外移倒也不是新鮮事，有問題的是，林先生沒有把公司好好善了。

K公司因自行停業長達1年，且未辦理停業登記，又未依主管機關命令於期限內辦理解散登記，已遭主管機關廢止公司登記。更嚴重的是，K公司連續三年滯欠營利事業所得稅（含利息、滯納金與罰鍰），總計6,000多萬元。但身為負責人的林先生似乎沒有意願繳納。

「他從來都不會聽我的話！」林太太的肩膀下垂，頭低得幾乎看不到她的臉龐。

國稅局多次通知K公司限期繳納均未獲回應。為了避免K公司處分財產，導致欠稅確定後已無財產可供執行或不足執行，國稅局除了通知有關機關，就K公司所有的房屋、土地及車輛禁止移轉或設定他項權利外，也同時向法院聲請假扣押，避免K公司隱匿或移轉財產，逃避執行，甚至將本案移送行政執行分署強制執行。

由於上述對物的保全措施，所確保的價值遠低於K公司欠繳的應納稅款及罰鍰。國稅局為保全稅捐債權，因而函請內政部入出國及移民署，對林先生與林太太做成限制出境處分。

「我先生和兒子都在國外，他們好幾年沒回來了。」

「我只是個掛名董事，又不是負責人，為何可以限制我出國！」林太太說的每一個字都像是從她心底爆發，震撼著周圍的空氣。

「我看K公司應該還沒清算完結吧？」我轉頭看著派克。

在一般情況下，限制出境的公司負責人確實是指「董事長」。但對於有解散事由，應行清算的股份有限公司而言，當公司章程沒有規定清算人，且股東會也未選任清算人時，即應以「全體董事」為清算人。而清算人在執行職務範圍內也是公司「負責人」。公司在清算期間，稅單應向清算人送達，如有限制負責人出境必要時，即應以「清算人」（全體董事）為限制出境對象。

誰限制我出境，有差嗎？

「難道我一輩子都不能出國，限制出境沒有時效嗎？我很想念我兒子！」林太太眼神失落地看著我。

「這就要看是哪個機關做的限制出境而定！」

目前的限制出境有兩套規定：一個是由財稅機關，依據稅捐稽徵法第24條所做的「限制出境」，屬於國家稅捐債權的「保全措施」；另一個，則是由行政執行分署，依據行政執行法第17條所做的「限制出境」，屬於行政執行階段的「執行方法」。

如果是前者，自內政部入出國及移民署限制出境之日起，限制出境期限最多不得超過5年。5年期限一旦屆滿，縱使限制出境的事由尚未消滅，財稅機關也必須解除出境的限制。

但如果是後者，如要申請行政執行分署解除限制出境，義務人就必須繳清應納欠款，或提供擔保辦理分期繳納，或等執行程序終結，行政執行分署才可以解除義務人出境的限制。因此，即便移送機關（財稅機關）已對納稅義務人解除限制出境，行政執行分署卻未必會同步跟進。

「這個案件早已進入執行階段，目前應該是由行政執行分署執行限制出境。」派克看著我，聲音越講越小聲。

我看著林太太沮喪的表情，「和林先生商量看看吧，趕緊把稅款繳清！」

「錢，再賺就有。但相聚的日子，過一天就少一天！」

每一雙鞋都需要穩固的底座；就像企業經營，也需要遵循法令，踏實經營。

那天會面之後，我沒有再回頭詢問派克，林太太的決定如何。

但我相信她一定可以說服林先生，回臺把稅款繳清，不再過著跑路人生。

精準節稅

依據稅捐稽徵法24條規定，當營利事業欠繳應納稅捐達一定金額，且依「限制及解除欠稅人或欠稅營利事業負責人出境規範」，審酌有限制出境必要時，稅捐稽徵機關得報請財政部，函請移民署限制欠稅營利事業的「負責人」出境。

這裡的「負責人」原則上以依法得代表該營利事業的「法定代理人」為限。在公司組織，是指經公司董事會或股東會議合法授權的「董事長」或「執行業務而代表公司的股東」。在獨資或合夥營利事業，則是指商業登記法第10條第1項所稱的「負責人」。

至於公司解散登記後應選任清算人完成合法清算，公司的法人格始歸於消滅。然而，當公司應行清算，卻未以章程規定或選任清算人時，在無限公司及有限公司是以「全體股東」為清算人（➔公司法第79、113條）；在股份有限公司則是以「全體董事」為清算人（➔公司法第322條）。而清算人依公司法第8條第2項規定，在執行職務範圍內也是公司「負責人」。換言之，股份有限公司在清算期間，如有限制負責人出境必要時，應以「清算人」（全體董事）為限制出境對象。

但清算人若為法院依公司法第81條及第322條第2項規定，

因利害關係人聲請選派的公司清算人（例如律師或會計師），除非該清算人是公司清算前實質負責業務之人，否則現行實務不會對此種清算人限制出境。

此外，在欠稅案件中，當事人可能面臨兩種「限制出境」。第一種是由財稅機關，依據稅捐稽徵法第24條第3項規定，以「欠稅金額多寡」為限制出境的基準，屬於一種「保全措施」；且自移民署限制出境之日起，不得逾5年。

另一種則是移送行政執行後，由行政執行分署認定義務人（或強制執行法第25條第2項各款所列之人），有行政執行法第17條第1項各款情形之一時（並非單以欠稅金額多寡為標準），得視個案情形予以「限制出境」，屬於一種「執行方法」（條文中雖然規定「限制住居」，但實務上認為，「限制出境」屬於執行「限制住居」的一種方法）。

由於上述兩種限制出境的目的、要件、審查程序及規範機關均有所不同，因此，行政執行分署依行政執行法第17條對義務人實施「限制出境」，即不受稅捐稽徵法第24條所定5年期間的拘束，而應適用稅捐稽徵法第23條有關「執行期間」的相關規定。

行政執行分署如欲解除限制出境，必須由義務人繳清應納欠款，或提供擔保辦理分期繳納，或等執行程序終結始可解除限制出境（➔ 行政執行法第26條準用強制執行法第22條第2項但書規定）。

白話地講，躲得過財稅機關的「限制出境」，也未必逃得了執行機關的「限制出境」。

套一句諺語，跑了和尚跑不了廟！

參考資料

稅捐稽徵法第23條及第24條、限制及解除欠稅人或欠稅營利事業負責人出境規範、財政部104年9月4日台財稅字第10404625180號令、財政部102年10月31日台財稅字第10204597880號令、財政部96年4月16日台財稅字第09604522400號函、財政部94年4月21日台財稅字第09404522480號令、財政部83年12月2日台財稅第831624248號函、財政部68年7月18日台財稅第34927號函。

結語

你需要的不只是精準節稅，而是安定節稅

能夠堅持到最後一幕真的很不容易。我想對你說聲：辛苦了！

我始終認為，面對企業經營的不確定性，唯有十足準備，才能在危機來臨時更加從容應對。

我想，這本書的42個案例，已經足以幫助你掃除企業經營會遇到的八成稅務風險。剩下的，就得靠你的意志力與執行力來續航這段旅程。

我知道，要你擺脫舊有的思維與慣習不是一件容易的事。你或許有些失落，也或許很不習慣。但請你相信，這些細微的雜訊都只是暫時的情緒；只有內心的安定才是永久的力量。

有一天你會發現，你一生最好的成就不是你賺的錢，也不是你創立的企業，更不是你的事業版圖，這些都不算什麼。

我想，你一生最好的成就應該是能安心地陪伴妻兒成長，讓父母欣慰，同時成為你想成為的自己。至少我是這麼認為。

而這一切，都得建立在你沒遇到前言中提到兩件蠢事的基礎

上：繳太多「冤枉稅」，以及讓自己走進牢獄之災。

但願在這本書的陪伴下，能幫助你從此遠離不必要的稅務風險，為你辛苦打造的企業精準節稅。

也為那個一直以來都很不容易的你，注入一份安定的力量，好好專注在你鍾情的本業。

附錄

企業稅務風險總體檢

——精準節稅自我檢核表格

在前言中提到的「冤枉稅」有兩種類型：

1. 浪費型：指納稅義務人原本有機會少繳稅，卻疏於注意，而未爭取到減免待遇，也就是「該省的沒省」。例如：因疏於注意而未享受到租稅優惠，或未能辨識違法的課稅處分。
2. 踩坑型：指納稅義務人未注意到稅法規定，因而付出額外代價，也就是「不該犯卻犯」。此時，稅捐稽徵機關除了對納稅義務人補稅外，還可能有額外的處罰。

讀者可以自行檢驗，看是否曾經（或未來有可能）繳納不該繳的「冤枉稅」，重新調整心態與步伐，讓自己返回安定節稅的賽道。

檢核項目	檢核內容	檢核結果	浪費型／踩坑型
1-1 企業組織	獨資商號應該以自身名義，而非資本主名義，向銀行借款，所支付的利息才能夠認列為商號的利息費用。		浪費型
1-2 公司登記	1. 以自用住宅做為稅籍登記地，在一定期限內供營業使用，可能喪失土地增值稅與所得稅的優惠。		浪費型
	2. 以商務中心做為稅籍登記地，營業人購買統一發票時可能遭管制。		
1-3 網路店家	1. 每個月銷售貨物達8萬元（銷售勞務達4萬元），應向國稅局辦理稅籍登記。		踩坑型
	2. 個人如開團代購，在收取與轉付之間必須沒有差額；轉付款項取得的憑證上，買受人應載明為委託人，以避免漏進漏銷。		
2-1 課稅依據	做為課稅依據的行政命令，應檢視其內容是否與課稅構成要件有關？是否有法律具體明確授權？進而確認有無違反「租稅法律主義」。		浪費型
2-2 公平原則	課稅處分所依據的稅捐法規，如就相同事項卻相異處理（或就不同事項卻相同處理），且缺乏正當理由時，可能違反「租稅公平原則」，該課稅處分自屬違法。		浪費型
2-3 違憲審查	稅務行政救濟經確定終局裁判敗訴確定，如認該裁判違憲，或該裁判及其所適用的法規範違憲，在裁判送達後翌日起的6個月內，可聲請憲法法庭為違憲宣告的判決。		浪費型

3-1 避稅 逃稅	1. 當企業從事罕見的交易規劃前，建議事向稅捐稽徵機關申請諮詢，稅捐稽徵機關會在6個月內答覆，以確認該交易為合法節稅或脫法避稅。 2. 企業至少應在申報或調查階段就課稅要件事實誠實申報，而不得就重要事項隱匿，或為虛偽不實陳述，或提供不正確資料，致使稅捐稽徵機關短漏核定稅捐，以避免從原本只須補繳稅款與滯納金的「脫法避稅」，淪為應裁處漏稅罰（甚至稅捐刑罰）的「違法逃稅」。		踩坑型
3-2 投資 公司	股東如將對企業的持股移轉給另一企業，以規避個人所得稅時，是否符合稅捐規避行為？原則上應綜合判斷股權買賣雙方的關係（是否為關係企業）、股權買賣的時間點（是否過於緊密）、股權承買公司的背景（資本額多寡）、交易收付款的資金流程（是否涉及資金回流）等重要資訊。		踩坑型
3-3 債務 不變	依法成立的稅捐債務，原則上不會因為當事人事後的安排進而改變或消滅。因此在股權買賣時，雙方當事人如已移轉股權完畢，事後經稅捐稽徵機關認定，當事人間有「以顯著不相當代價讓與財產」應補徵贈與稅時，當事人即不得再合意解除讓與契約，進而免除出賣人應負擔贈與稅的繳納責任。		踩坑型
4-1 設算 利息	1. 公司資金如借給股東或任何他人而未收取利息，或約定的利息偏低時，除了屬於預支薪水的情況外，應按資金出借期間所屬年度1月1日臺灣銀行的基準利率，計算公司利息收入課稅。		踩坑型

	2. 公司的股東、董事、監察人如有代收公司款項，卻不於相當期間照繳給公司或挪用公司款項時，除非公司遭侵占、背信或詐欺，且已依法提起訴訟或經檢察官提起公訴，否則均應按該等期間所屬年度1月1日臺灣銀行的基準利率，計算公司利息收入課稅。		
4-2 財會 稅會	1. 稅法原則上依循財務會計的判斷，但兩者還是有分道揚鑣的時候。站在為公司控管稅務風險的立場，原則上應依循稅法規定申報，不適合直接以財務會計的觀點認定。		踩坑型
	2. 當公司辦理「銷貨退回」時，必須取得買方開立的「銷貨退回證明單」，或以買方提供的「其他證據」證明「銷貨退回」的事實。		
	3. 當公司辦理「銷貨折讓」時，依現行規定，公司只能在其開立的統一發票上註明，或取得買方開立的「銷貨折讓證明單」，而不得以公司自行製作的「銷貨折讓計算明細表」此種「其他證據」證明「銷貨折讓」的事實。		
4-3 股權 轉讓	1. 在併購程序中，被併購公司股東如在公司被併購前先出售手中持股，僅須按成交價格繳納3‰的「證券交易稅」，無須就股票買賣的利得繳納「證券交易所得稅」，稅負上較為有利。		浪費型

	2. 倘若股東沒有機會出售手中持股，而只能選擇獲配公司溢價分配款時，也應該仔細檢視溢價分配款的計算是否合理。		浪費型
5-1 損失 認列	1. 營利事業經營本業及附屬業務以外的損失，或家庭費用及滯報金、怠報金、滯納金等及各種罰鍰，不得列為費用或損失。		踩坑型
	2. 其中所謂的「損失」，必須是直接或間接與獲取收入的經營活動有關，也就是營利事業具循環性的經營活動中所產生的損失，才可以認列。		
5-2 盈虧 互抵	1. 公司型態的營利事業，如會計帳冊簿據完備，且在虧損及申報扣除年度經會計師查核簽證並如期申報時，公司可將過去10年內經國稅局核定的各期虧損，自本年度的純益額中扣除。只有在扣除後還有盈餘時，公司才須繳稅。		浪費型
	2. 只要當事人不涉及「以詐術或其他不正當方法逃漏稅捐」且「短漏的所得額不超過10萬元，或短漏的所得額占可供以後年度扣除的虧損金額的比例不超過5%」或「短漏的所得稅額不超過20萬元，或短漏報課稅所得額占全年所得額的比例不超過10%，且在未經檢舉、調查前已自動補報者」，依舊可以適用盈虧互抵。		

5-3 組織調整	1. 企業併購所產生的商譽等無形資產雖然可能依照不同年限攤提成本，但前提還是要有交易的經濟實質，而不只是空有交易的形式外觀。最起碼是買方本身已經擁有「具備產銷能力」的組織結構，才可能因組織重組或擴張帶來預期「綜效」，以及與之匹配的「溢價」。		浪費型
	2. 企業如欲攤提商譽，應提示能夠證明併購的合理商業目的、併購成本、取得可辨認淨資產公允價值及其他相關審查項目的文件資料。但依會計處理規定不得認列商譽、無合理商業目的、藉企業併購法律形式的虛偽安排製造商譽，或未提供相關證明文件者，則不予認定。		
6-1 租稅協定	1. 在租稅協定的適用下，支付股利、利息或權利金的國家，通常會適用比當地稅法來得較低的扣繳率（例如由20%或21%，降低至10%或15%）。		浪費型
	2. 依據我國與其他國家締結的租稅協定，外國企業在我國境內如無常設機構，我國就該外國企業的營業利潤即無課稅權。		
	3. 任何打算適用租稅協定的企業或個人都必須主動提出申請，才能享受租稅協定所提供的減免待遇。		

6-2 推計 所得	1. 國外廠商在我國境內「經營國際運輸」、「承包營建工程」、「提供技術服務」或「出租機器設備」，其成本費用攤計如有困難，可向財政部申請適用推計所得額課稅規定（「國際運輸業務」按其在我國境內營業收入的10%，「其餘三項業務」按其在我國境內營業收入的15%，為我國境內的營利事業所得額）。		浪費型
	2. 其中「技術服務」原則上僅指「勞務提供」，而與技術資訊或祕密方法無關。		
	3. 國內企業應請國外廠商儘早提出申請，以降低國內企業的扣繳稅額；同時在合約中約定，國內企業為國外廠商代扣繳的稅款應歸墊返還給國內企業。		
6-3 擴大 書審	適用擴大書審的企業如有以下九種違章型態，恐面臨補稅及處罰的風險： 1. 利用成立多家企業分散收入，以適用擴大書審規避查核。		踩坑型
	2. 跨轄區設立關係企業，以規避稽查。		
	3. 適用擴大書審企業替關係企業開立銷售發票分散收入，將取得的憑證轉供關係企業列報成本及費用。		
	4. 利用擴大書審企業開立無交易事實的發票給關係企業做為成本費用憑證。		
	5. 適用擴大書審案件的企業未取得合法進項憑證列報成本及費用，致銷售方短、漏報銷貨收入。		

	6. 適用擴大書審企業未據實辦理扣繳申報。		
	7. 高薪資所得或執行業務所得者利用擴大書審制度規避個人綜合所得稅。		
	8. 營利事業取具憑證不足或帳證不全，仍申報為擴大書審案件規避查核。		
	9. 未正確填寫行業代號，卻誤選用其他行業代號並以較低純益率申報，或規避不適用擴大書面審核申報業別逃漏稅捐。		
7-1 技術 入股	1. 中小企業或個人在安排智財權作價入股時，應審慎製作「智慧財產權讓與契約書」（而非「授權契約書」），其繳稅時點才能夠延緩至實際轉讓、贈與或作為遺產分配時。		浪費型
	2. 在研發過程中，應盡可能將研發成本的相關證明文件核實歸檔，其所得的計算才能夠依「時價」扣除取得新發行股票的成本及費用後的金額認定；如無法提出取得成本的證明文件，得以其轉讓價格的30%計算該股票的取得成本。		
	3. 緩課的申請務必在法定期限內向公司所在地的稅捐稽徵機關提出（主管機關核准智財權作價入股增資函之日起至次年度5月底前）。一旦逾期，將無法適用緩課的租稅優惠。		

7-2 研發 投抵	1. 公司或有限合夥事業所研究發展的產品、技術或創作，必須「專供公司或有限合夥事業自行使用」，或「取得合理的權利金或其他合理之報酬」（或至少能提示足資證明已將合理利潤留於該公司或有限合夥事業的移轉訂價文件，且經稅捐稽徵機關查明屬實），才能夠享有產業創新條例第10條有關研發投抵的稅捐優惠。		浪費型
	2. 符合中小企業認定標準第2條的「事業」（且研發當年度全年月平均實收資本額在8,000萬元以下），亦可就其從事研究發展的支出申請適用投資抵減，且只要求達到「一般創新」的門檻即可。但不包含為「改進」現有產品或服務的生產程序、服務流程或系統及現有原料、材料或零組件所從事的研究發展活動。		
7-3 國外 技術	1. 營利事業因引進新生產技術或產品，或因改進產品品質，降低生產成本，而使用外國營利事業所有的專利權、商標權及各種特許權利，經主管機關專案核准，其所給付外國事業的權利金即免納所得稅。		浪費型
	2. 實務上應注意此項專門技術是否只在我國境內使用？外國營利事業是否僅提供專利權等專門技術給國內廠商使用，而非直接將其專利權讓與給國內廠商？		

	3. 外國營利事業縱使經核准免稅（以三年為限），如與支付權利金的國內廠商互為關係企業時，仍應注意國內廠商列報的權利金費用是否符合常規交易。		
8-1 境外公司	1. 在境外公司「經濟實質法」的規範下，凡依據境外公司當地公司法註冊成立的公司，除非是在其他管轄區繳稅，否則只要從事規定的九大類活動，都必須符合當地「經濟實質測試」標準。		踩坑型
	2. 當地政府會具體檢視境外公司在當地是否以適當方式進行決策及管理（例如在當地召開董事會）、有無配置足夠且合格員工、有無產生適當的營運費用、有無安排適當的實體據點（包括營業場所或工廠、財產及設備）。		
	3. 企業應考慮重新調整現有的投資及營運架構（例如改為純粹從事控股業務），將冗贅且不必要的境外公司註銷，回歸其實際管理場所當地繳稅，以降低不必要的稅務風險。		
8-2 外派薪資	1. 企業關於營業費用的認列，原則上應遵循以下三個標準：費用真實性（企業實際支出費用）、費用必要性（企業支付費用所取得的服務，確實用於支援企業營業活動）、費用合理性（企業支出的費用至少應小於該服務對企業營業活動的貢獻程度，且與市場行情相當）。		踩坑型

	2. 其中針對「費用必要性」的證明，應盡可能取得並保存合法的外來憑證，特別是在跨境交易的場域。任何著眼於成本考量或便宜行事的陋習，都難以通過稅捐稽徵機關與法院的檢驗。		踩坑型
8-3 網路購物	1. 進口人本身如以進出口為業，對於進口貨物是否非屬真品平行輸入，應盡「業務上的注意義務」。亦即在貨物進口報關前，應主動向出口人或商標權人確認、查證，再行申報，以免因違反注意義務而受罰。		踩坑型
	2. 貨物如從國外進口到臺灣，進口郵包物品的發票應主動隨附於郵包外箱或箱內，供海關查核。		
	3. 進口郵包物品完稅價格在新台幣2,000元以內，雖免徵關稅、貨物稅及營業稅。但交同一收件人的郵包物品如次數頻繁（即同一收件人於半年度內進口郵包物品免稅放行逾6次），將不適用免稅規定。		
	4. 郵包物品如屬應實施檢驗、檢疫品目範圍或有其他輸出入規定時，應先取得主管機關的同意文件後，始得通關放行。		

9-1 資訊交換	1. 對於跨國租稅資訊交換，財政部或其授權之機關得向有關機關、機構、團體、事業或個人進行必要的調查，或通知其到場備詢，要求其提供相關資訊。應配合提供資訊之人不得規避、妨礙或拒絕，且不受稅捐稽徵法及其他法律有關保密規定的限制。對於規避、妨礙或拒絕調查或備詢者，或未應要求或未配合提供有關資訊者，財政部或其授權之機關得裁處罰鍰。		踩坑型
	2. 對於應自動或自發提供締約他方的資訊，有關機關、機構、團體、事業或個人應配合提供相關的財產、所得、營業、納稅、金融帳戶或其他稅務用途資訊；應進行金融帳戶盡職審查或其他審查之資訊，並應於審查後提供。對於違反金融帳戶盡職審查者，同樣可由財政部或其授權之機關裁處罰鍰。		
9-2 CFC 稅制	1. 營利事業及其關係人直接或間接持有在我國境外低稅負國家或地區的關係企業股份或資本額，合計達50%以上（股權控制型），或對該關係企業具有重大影響力者（實質控制型），該境外關係企業即為CFC。		踩坑型
	2. 所謂低稅負國家或地區是指當地法定稅率不超過14%，或僅就境內來源所得課稅，或對特定區域或特定類型企業適用特定稅率或稅制。		

	3. 企業於年度決算日前移轉對CFC的持股，如構成規避法定課稅要件的行為時，稅捐稽徵機關可對企業依其當年度任一日持有CFC最高股權比率課稅。		踩坑型
	4. 全部CFC當年度盈餘在700萬以下，且個別CFC當年度盈餘也在700萬以下時，才符合豁免規定。		
9-3 資金回臺	1. 「海外資金」不等同「海外所得」。對於海外投資本金或減資退還款項、借貸或償還債務款項、金融機構存款本金、財產交易本金，及其非屬海外所得性質的資金，即無須補報及補繳所得基本稅額。		浪費型
	2. 「海外所得」也未必要繳稅，因為逾越核課期間（原則5年，最長7年）的「海外所得」，即無須繳稅。		
	3. 縱使未逾越核課期間，「海外所得」也還是可能不用繳稅。因為個人基本稅額有課稅門檻，且境外「已納稅額」可扣抵「應納稅額」。		
	4. 最怕的是，海外所得如有利用他人名義分散所得時，即有可能涉及逃漏稅捐罪。刑法上的追訴權時效長達20年。		
	5. 但縱使有繳稅或處罰的問題，只要未經檢舉、未經調查前，主動補報補繳稅款，依舊可以加計利息免罰。		

10-1 股東往來	1. 當股東將資金或財產移轉至公司名下，如為有償行為，可能為買賣或借貸。買賣必須支付價金，借貸也必須收取利息。公司的資金貸與股東如未收取利息或約定的利息偏低，依法應設算公司利息收入課稅。		踩坑型
	2. 當個人股東無償將資金或財產移轉至公司名下，且經公司同意時，即屬贈與行為。在減除免稅額後如有剩餘，個人股東應自行申報繳納贈與稅。贈與人如為法人股東，受贈的公司應依法繳納營利事業所得稅。		
	3. 公司與股東間如發生兩邊帳戶混用的情形，可能導致公司帳上「股東往來」貸方餘額過高，容易有短漏報收入或虛增費用的嫌疑，成為營利事業所得稅選案查核的高風險對象。		
	4. 當個人股東過世，其生前借與其投資經營公司的資金，即屬股東對公司的應收債權。若公司尚未清償返還，該筆未還款項即應列入個人股東的遺產中並申報債權，進而產生遺產稅的稅務風險。		
10-2 母子總分	1. 我國境內的外國分公司雖得分攤其國外總公司的費用，但僅限於國外總公司的管理費，而不包含其他費用在內。		踩坑型

	2. 我國境內的子公司與國外母公司之間，在法律上各為獨立個體，須各自負擔盈虧，自無共同管理活動所生費用分攤的問題。其成本費用的認列只能採取逐筆歸類的方式，審核費用支出的真實性、必要性及合理性。		踩坑型
	3. 關係企業間不合營業常規的安排，如導致規避或減少納稅義務時，稅捐稽徵機關雖得依營業常規進行調整。但如交易行為的「真實性」及「必要性」已受到質疑，而企業又無法證明其事，則該筆費用就可能直接被剔除，而無法進入價格「合理性」的調整。		
10-3 交易對象	1. 加值型營業稅是就各個銷售階段的加值部分，分別予以課稅。各銷售階段的營業人皆為營業稅的納稅義務人。至於銷售對象的決定，原則上以「私法契約」的法律關係認定，而非以物流（貨物或勞務的提供）或金流（銷售價金的支付）的移動，來確定交易流程中的前後手。		踩坑型
	2. 特別是，在當事人間為關係企業或關係人的情形，除非有其他客觀獨立的證據可以做為反證使用，否則恐難任意推翻「私法契約」的證明力。		

	3. 營業人如經查明有漏開發票或短漏報銷售額的情形，國稅局除得依查得資料核定其銷售額、應納稅額並補徵稅款外，應就經查明認定其未給與憑證的總額裁處5%罰鍰（最高不得超過100萬元）；另按所漏稅額裁處5倍以下的罰鍰。若上述兩項違章事實實際上是來自同一行為時，應擇一從重處罰。		
11-1 違法認識	1. 行政罰的主客觀構成要件應分別判斷，不得以行為人客觀上有違反行政法上義務的行為，即推論行為人就該行為主觀上出於故意或過失。行為人如未明知故犯（故意），也無應注意、能注意而未注意（過失）的情形，亦即欠缺故意或過失時，即不得處罰。但行為人不得以其不知法規而否認其有故意或過失責任。		踩坑型
	2. 行為人雖不得因不知法規而免除行政處罰責任，但按其情節得減輕或免除其處罰。所謂「按其情節」，應依行為人不知法規的可責性高低而定。如依行為人的社會地位及個人能力，有可能意識到其行為涉及不法，並對該行為的合法性產生懷疑時，行為人對於法規即負有查詢義務。違反時，即有過失。		

11-2 委託 他人	1. 當公司違反稅法規定的繳納義務，除了命其補繳稅款外，只要公司有代表權之人（例如董事）或實際行為的職員，對於公司違反稅法規定的行為，主觀上有故意或過失，即可「推定」公司有故意或過失（但公司可以舉反證推翻）。稅捐稽徵機關可依其所漏稅額處以數倍的漏稅罰。		踩坑型
	2. 公司如委任外部代理人處理稅捐事務時（例如會計師、記帳士），公司就其外部代理人的故意或過失，同樣負擔「推定」故意或過失的責任。因此建議公司未來就代理人的選任及監督，應事先透過書面約定方式，表列容許或禁止事項，以善盡監督責任。		
11-3 考量 因素	1. 稅捐稽徵機關裁罰時，應審酌納稅義務人違反稅法上義務行為應受責難程度、所生影響及因違反稅法上義務所得之利益，並得考量納稅義務人的資力。		浪費型
	2. 「應受責難程度」是指納稅義務人對於違規行為在主觀上是否有故意或過失。稅捐稽徵機關在裁罰時，應就客觀上造成違法結果的原因，分別決定其主觀上的可歸責程度（例如：對於A結果可能是故意，但對於B結果可能只是過失）。		

	3. 稅捐稽徵機關在裁罰時，應注意個案的違章情節是否較輕？如答案為肯定，應考量在法定倍數範圍內減輕其罰至稅法規定的最低限為止。稅捐稽徵機關如未斟酌，又未說明不斟酌的理由時，就容易有「裁量怠惰」或「裁量濫用」的違法。		
12-1 逃稅 刑責	1. 納稅義務人如故意隱藏交易事實，違反誠實申報義務，為稅法上可罰的「漏稅」（漏稅罰）。		踩坑型
	2. 但納稅義務人如使用詐術或其他不正當方法逃漏稅捐，則為刑事法上可罰的「逃稅」（逃漏稅捐罪），處5年以下有期徒刑，併科新台幣1千萬元以下罰金。犯前項之罪，個人逃漏稅額在新台幣1千萬元以上，營利事業逃漏稅額在新台幣5千萬元以上者，處1年以上7年以下有期徒刑，併科新台幣1千萬元以上1億元以下罰金。		
	3. 當納稅義務人為公司時，如公司負責人有故意指示、參與實施或未防止逃漏稅捐的行為，造成公司短漏稅捐的結果時，應對「公司負責人」施以刑事處罰。		
	4. 納稅義務人如有下列情形，恐涉及「逃漏稅捐罪」，稽徵實務應移送偵辦：「 （1）無進貨或支付事實而虛報成本、費用或進項稅額者。		

	（2）偽造變造統一發票、照證、印戳、票券、帳冊或其他文據者。		踩坑型
	（3）開立收執聯金額大於存根聯金額之統一發票或收據者。		
	（4）漏開或短開統一發票同一年內達三次以上者。		
	（5）利用他人名義從事交易、隱匿財產、分散所得或其他行為者。		
	（6）使用不實之契約、債務憑證或其他文據者。		
	（7）其他逃漏稅捐行為，對納稅風氣有重大不良影響者。」		
12-2 自首 免罰	1. 納稅義務人自動向稅捐稽徵機關補報並補繳所漏稅款者，凡屬未經檢舉、未經稅捐稽徵機關或財政部指定之調查人員進行調查的案件，下列處罰一律免除；其涉及刑事責任者，並得免除其刑：一、稅捐稽徵法第41條至第45條的處罰（稅捐刑罰、稅捐行政罰）。二、各稅法所定關於逃漏稅的處罰。		浪費型
	2. 所稱「稽徵機關或財政部指定之調查人員」，是指省、市各稅捐稽徵機關或財政部指定的稽核人員，並不包含調查局所屬的處站在內。		

	3. 所稱「經檢舉」，是指經人向有權處理機關檢舉，或經有權處理機關主動察覺或查獲的漏稅違章案件，皆屬「經檢舉」的案件。檢察官既然有偵查犯罪的職權，故經檢察官就公司虛列薪資逃漏營所稅一事予以調查，即屬「經檢舉」的案件，而無自動補報補繳免罰規定的適用。		
	1. 稅捐稽徵機關如查獲下列情形，恐以「教唆或幫助他人逃漏稅捐罪」移送偵辦，依規定處3年以下有期徒刑，併科新台幣100萬元以下罰金：「一、有下列教唆或幫助他人逃漏稅捐情形者，應予移送偵辦：（一）販售、提供空白或填載不實之統一發票、收據或其他證明文件，交付與無交易事實之納稅義務人作為進貨、銷貨或費用憑證使用者。		
12-3 主管責任	（二）偽造變造統一發票、照證、印戳、票券、帳冊或其他文據，供納稅義務人申報納稅使用者。		踩坑型
	（三）教唆納稅義務人使用第1款或第2款之統一發票、照證、印戳、票券、帳冊或其他文據者。		
	（四）教唆或幫助納稅義務人利用他人名義從事交易、隱匿財產、分散所得或為其他行為者。		
	（五）教唆或幫助納稅義務人偽造、變造或使用不實之契約、交易憑證、債務憑證、捐贈收據或其他文據者。		

	（六）其他教唆或幫助納稅義務人逃漏稅捐之行為，對納稅風氣有重大不良影響者。		
	二、前項各款行為，致納稅義務人逃漏稅額未達新台幣10萬元，且情節輕微者，得免予移送偵辦。」		
	2. 商業負責人、主辦及經辦會計人員或依法受託代他人處理會計事務之人員有下列情事之一者，處5年以下有期徒刑、拘役或科或併科新台幣60萬元以下罰金：「 一、以明知為不實之事項，而填製會計憑證或記入帳冊。		踩坑型
	二、故意使應保存之會計憑證、會計帳簿報表滅失毀損。		
	三、偽造或變造會計憑證、會計帳簿報表內容或毀損其頁數。		
	四、故意遺漏會計事項不為記錄，致使財務報表發生不實之結果。		
	五、其他利用不正當方法，致使會計事項或財務報表發生不實之結果。」		
13-1 救濟期間	1. 當事人對於稅捐稽徵機關的復查決定如欲提起訴願，應自「復查決定書送達之次日」起算30日內為之。		踩坑型
	2. 又訴願的提起雖然已逾期，但只要訴願人在上述法定期間內，曾經向訴願管轄機關或原處分機關做過任何不服復查決定的表示，法律上都當作訴願人已在法定期間內提起訴願。但訴願人仍應於30日內補送訴願書。		

	3. 當事人後續如欲提起行政訴訟，由於撤銷訴訟的提起應經訴願程序，如因訴願逾期，即不符已經合法訴願的前置要件，且不能補正，行政法院自應從程序上裁定駁回起訴。		
13-2 事證補提	1. 公司在報稅時，依法負有完整提出帳簿憑證的協力義務。如未及時提出，公司最遲應該在行政訴訟第一審言詞辯論終結前提出真實完整的帳簿憑證資料，法院應審酌公司事後提出的證據資料。		浪費型
	2. 現行法雖然容許納稅義務人在第一審言詞辯論終結前，得提出足以動搖原推計課稅處分可信度的證據資料，但不會因此改變納稅義務人在先前稽徵程序中違反協力義務的事實。因此，只要納稅義務人對於該等協力義務在客觀上未能履行，且主觀上有故意或過失，還是有可能受到稅捐違章行為的處罰。		
	3. 為了避免公司遭受無謂的稅捐處罰，所有可以證明公司應稅所得額或銷售額的證據資料，仍建議公司應儘早提出。		
13-3 舉證責任	1. 有鑑於親子間的財產移轉以無償為原則，且大部分的證據資料多在當事人的管領支配下。故對於當事人所得支配或掌握的課稅要件事實及證據資料，當事人依法負有完全且真實陳述的協力義務。		浪費型

	2. 當稅捐稽徵機關就親屬間財產關係變動的原因事實，已提出相當事證（例如銀行存款憑條、匯款單、存摺、往來明細資料等），客觀上足以證明當事人的經濟活動已可推論有贈與的事實。此時，當事人如主張該財產的移轉並非無償（如買賣、借貸、清償或借名信託等法律關係），自應由其就該事實為合理的說明及舉證，以動搖上述贈與行為的初步認定。		浪費型
	3. 如當事人就其主張（該財產的移轉並非無償的事實）無法為合理說明及舉證時，稅捐稽徵機關自得依職權認定該財產變動的原因關係為贈與，並據此核課贈與稅。		
14-1 老闆 變更	依現行稽徵實務，即便公司負責人實際上已變更，但只要還沒向主管機關辦理變更登記，有關公司負責人違反扣繳義務的認定，還是應該以「登記負責人」（而非實際負責人）為準。因此，負責人離職前請務必辦理變更登記，以避免承擔不必要的法律責任。		踩坑型
14-2 企業 善終	1. 合夥與公司組織相同，要結束法律關係，同樣必須歷經「解散」及「清算」程序。合夥解散後會進入清算階段，此時必須先由合夥人全體或由其選任的清算人負責。清算人的職務包含了結現務、收取債權、清償債務及分配賸餘財產。合夥財產在清算未完結以前，不得由合夥人中之一人向清算人請求按其成數先行償還股本。		踩坑型

	2. 合夥團體所積欠的稅款也屬於合夥債務的一種，其清償順序優先於普通債權。清算人如未繳清稅款就先分配賸餘財產，將來應就未清繳的稅款負繳納之責。		踩坑型
	3. 合夥組織是否正式消滅，仍應以該合夥組織是否完成清算程序認定。至於合夥組織是否向地方政府辦理歇業（註銷）登記，與該合夥組織在法律上是否消滅無關。		
14-3 欠稅 責任	1. 當營利事業欠繳應納稅款達一定金額，且經審酌有限制出境必要時，稅捐稽徵機關得報請財政部，函請移民署限制欠稅營利事業的「負責人」出境。這裡的「負責人」原則上以依法得代表該營利事業的「法定代理人」為限。		踩坑型
	2. 公司解散登記後，應選任清算人完成合法清算，公司的法人格始歸於消滅。當公司應行清算卻未以章程規定或選任清算人時，在有限公司是以「全體股東」為清算人，在股份有限公司則是以「全體董事」為清算人。因此，股份有限公司在清算期間如有限制負責人出境必要時，應以「清算人」（全體董事）為限制出境對象。		

	3. 在欠稅案件中，當事人可能面臨兩種「限制出境」。一種是由財稅機關發動，主要是以欠稅金額多寡為限制出境的認定標準，屬於一種「保全措施」，且自移民署限制出境之日起，不得逾5年。另一種則是移送行政執行後，由行政執行分署考量義務人是否尚有履行義務的可能，卻故意不履行所為的限制出境。此種限制出境並非單以欠稅金額多寡為認定標準，屬於一種「執行方法」，且不受稅捐稽徵法第24條所定5年期間的拘束。		踩坑型

國家圖書館出版品預行編目資料

精準節稅：中小企業應該避免的42種稅務風險/陳衍任著. -- 初版. -- 臺北市：商周出版：英屬蓋曼群島商家庭傳媒股份有限公司城邦分公司發行, 2024.04

面；　公分. --(Live & learn ; 124)

ISBN 978-626-390-045-5 (平裝)

1.CST: 節稅

567.073　　113001809

線上版讀者回函卡

精準節稅——中小企業應該避免的42種稅務風險

作　　者／陳衍任
責任編輯／余筱嵐

版　　權／林易萱、吳亭儀
行銷業務／林秀津、周佑潔、林詩富
總 編 輯／程鳳儀
總 經 理／彭之琬
事業群總經理／黃淑貞
發 行 人／何飛鵬
法律顧問／元禾法律事務所王子文律師
出　　版／商周出版
台北市 115 南港區昆陽街 16 號 4 樓
電話：(02) 25007008　傳真：(02)25007759
E-mail:bwp.service@cite.com.tw
發　　行／英屬蓋曼群島商家庭傳媒股份有限公司城邦分公司
台北市南港區昆陽街 16 號 8 樓
書虫客服服務專線：02-25007718；25007719
服務時間：週一至週五上午09:30-12:00；下午13:30-17:00
24小時傳真專線：02-25001990；25001991
劃撥帳號：19863813；戶名：書虫股份有限公司
讀者服務信箱：service@readingclub.com.tw
城邦讀書花園：www.cite.com.tw
香港發行所／城邦（香港）出版集團有限公司
香港九龍土瓜灣土瓜灣道86號順聯工業大廈6樓A室
E-mail: hkcite@biznetvigator.com
電話：(852) 25086231　傳真：(852) 25789337
馬新發行所／城邦（馬新）出版集團【Cite (M) Sdn Bhd】
41, Jalan Radin Anum, Bandar Baru Sri Petaling, 57000 Kuala Lumpur, Malaysia.
電話：(603) 90563833　傳真：(603) 90576622
Email: services@cite.my

封面設計／徐璽設計工作室
排　　版／芯澤有限公司
印　　刷／韋懋實業有限公司
總 經 銷／聯合發行股份有限公司
電話：(02)2917-8022　傳真：(02)2911-0053
地址：新北市231新店區寶橋路235巷6弄6號2樓

■ 2024 年 4 月 16 日初版
■ 2024 年 7 月 9 日初版 3.5 刷
定價 580 元　　Printed in Taiwan

城邦讀書花園
www.cite.com.tw

 ISBN 978-626-390-045-5